2019 2022³
Erhältlich bei
osiander.bookmundo.de/edsiedler
und im Buchhandel
ISBN 978-94-036-5453-9

Ed Siedler

Das
CO SI MA
Modell

Persönlichkeits- und Transaktions-Analyse

authentisch miteinander umgehen

2019 2022³
Erhältlich bei
osiander.bookmundo.de/edsiedler
ISBN 978-94-036-5453-9

Das CO SI MA - Modell
Persönlichkeits- und Transaktions-Analyse
authentisch miteinander umgehen

Gute Berater lassen Sie die Lösungsansätze mit Hinweisen auf das ***Ist*** und ***Soll*** selbst finden. Hierfür muss jedoch das ***Ich*** zuerst höchstpersönlich die Schwächen und Stärken seiner eigenen Persönlichkeit erkennen und begreifen.

Das neuartige ***CO SI MA - Modell*** bietet ein-eindeutige prägnante Strukturen für die sofortige Anwendung. Das praktische ***CO SI MA - Modell*** wurde von *Ed Siedler* während einer Fortbildung für Führungskräfte entwickelt und 2019 erstmals veröffentlicht.

Selbstbewusstsein, effektivere Kommunikation, mehr Selbstwert, Selbstsicherheit und der errungene Erfolg sind Ihr persönlicher Gewinn.

Ed Siedler
Seine Kenntnisse stellt er nun als praktisches " Wissen fürs Leben " zur Verfügung.

2019 2022³
Erhältlich bei
osiander.bookmundo.de/edsiedler
und im Buchhandel
ISBN 978-94-036-5453-9

Inhaltsverzeichnis

Vorwort: Der Anlass

Wie so oft bringt erst Unzufriedenheit jemanden dazu etwas zu tun oder zu schreiben.

In unserem Fall war es eine Weiterbildung für Führungskräfte zum Thema Persönlichkeit, Persönlichkeits-Strukturen, Transaktionen und die Transaktionsanalyse.

Diese Veranstaltungen sollen Verständnis erzeugen und die Zusammenarbeit allgemein verbessern.

Doch:
Das Skript und die ausgehändigten Merkblätter erzeugten über Nacht bei uns Miss-Stimmung und Unmut.

Wir erlebten und fanden die Gründe, warum die Ausbilder, Führungskräfte und Vorgesetzten meist aggressiver als zuvor von diesen Kursen heimkamen.

Wir haben uns damals geärgert. Grün und blau geärgert.

Unsere dringende Bitte, zukünftig positive Formulierungen zu verwenden, wurden weder diskutiert noch akzeptiert. All dies sei:

„Allein nur unsere persönliche Befindlichkeit."

Struktur- und Transaktions-Analysen sollen Verständnis erzeugen und die Zusammenarbeit allgemein verbessern. Wahrscheinlich war es auch so gedacht.

Doch im Nachhinein sind wir Teilnehmer uns sicher, dass zumindest billigend das Gegenteil in Kauf genommen wurde:

Auch noch Jahre später kamen Führungskräfte und Vorgesetzte meist aggressiver als zuvor von dieser Führungsakademie heim.
Das uns empfohlene *positive* Gespräch auf Augenhöhe war das keineswegs.

ok	ok	positiv
ok		\
	ok	/
		negativ

Das triste Transaktions-Modell *„Ampel"*, weckt Assoziationen die vom Thema Transaktionsanalyse eher ablenken.
Es gleicht Kuchenkringeln, Tortenstücken oder gar der Karten-Signatur ∴ für *'Ruinenstätten'*.

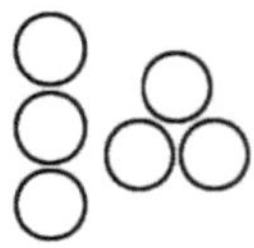

Das ist schade, da dies der Bedeutung der Struktur- und Transaktions-Analyse bestenfalls bedingt gerecht wird.

Entweder ist das wiederum

„Allein nur unsere persönliche Befindlichkeit."

oder aber es wurde seit der Mitte des letzten Jahrhunderts tatsächlich versäumt für die Struktur- und Transaktionsanalyse stimmigere Modelle zu entwickeln.

Am den Rand des Skripts kritzelte damals eine Teilnehmerin ein Dreieck und darunter einen Halbkreis.

Was sie dachte und fühlte erfahren Sie in diesem Roman.

Diese Transaktionsanalyse ist spannend wie ein Krimi.

Mein neuartiges
Modell für die Struktur- und
Transaktions-Analyse:

Das **CO SI MA** *- **Modell***

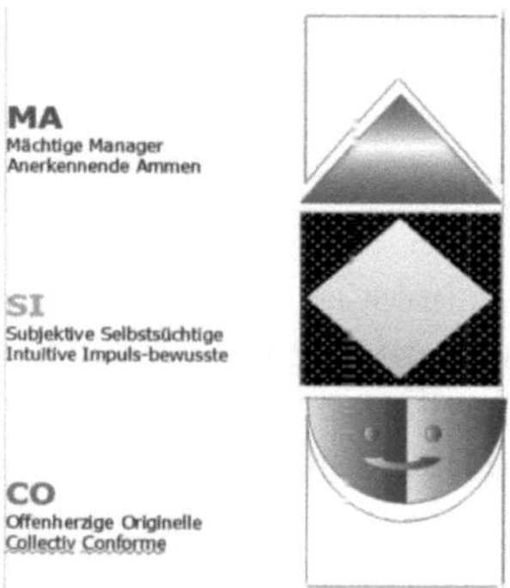

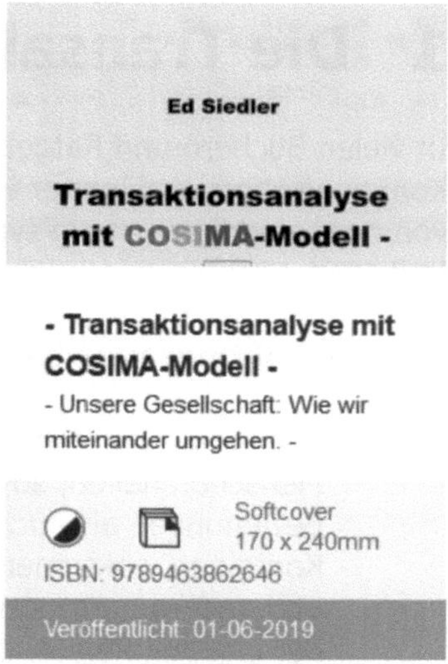

enthält 6 prägnante Strukturen. Diese Symbole sind jeweils ein-eindeutig der jeweiligen Personen-Struktur und einem Kenn-Buchstaben zugeordnet. Die hier extra ausgesuchten Begriffe nutzen nach Möglichkeit bewusst gleiche Wortanfänge, die Alliteration, als Stilmittel.
Zu den Kenn-Buchstaben **CO SI MA** gesellen sich
<> und die neuartigen vier Transaktionszeichen

[=] [&] [<] [X]

Was beispielsweise diese *'Wiege'*
als Struktur bei den Transaktionen
für Personen und Gesellschaften bedeutet,
und noch viel mehr,
erfahren Sie in diesem Buch.

Das Transaktions-Modell, die *'Ampel'*,
hat sich seit den 1950er-Jahren kaum weiterentwickelt.
Es wird Zeit dies zu ändern.

Ed Siedler

1 Die Transaktionsanalyse

In vielen Büchern und Ratgebern zum Thema Kommunikation wird immer wieder ein Modell zitiert, das von dem amerikanischen Psychiater Eric Berne entwickelt und 1964 erstmals beschrieben wurde.[1]

Die Transaktionsanalyse (TA)

- entstammt der Tiefen-Psychologie. Sie soll den Menschen helfen, sowohl in privaten Beziehungen als auch in professionellen Kontexten wirksamer und authentischer mit sich und anderen umzugehen. Sie soll das Potential der eigenen Persönlichkeit entwickeln und zur Entfaltung bringen.

- ist ein Persönlichkeitskonzept. Sie soll innere Prozesse des Einzelnen, seine lebensgeschichtliche Entwicklungen und seine Einbindung in eine jeweilige Gruppe verstehbar machen und Kontext-angemessenen Einfluss ermöglichen.

- ist ein Kommunikationskonzept. Sie dient der Beschreibung, Erklärung und Gestaltung zwischenmenschlicher Kommunikation.[2]

---

1 http://www.zeitzuleben.de/menschliche-kommunikation-verstehen-die-transaktionsanalyse/

2 Siehe auch / Vergleiche hierzu: http://www.dgta.de/transaktionsanalyse.php

1.1 Das Ampel - Modell

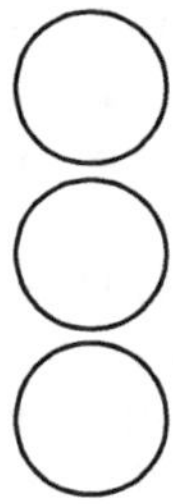

Für die Transaktionsanalyse wird eine Persönlichkeit in drei Bereiche gegliedert.

- Eltern-Ich (Über-Ich)
- Erwachsenen-Ich und
- Kind-Ich

Das Ampel-Modell ist farblos. [3]

[3] https://www.transaktionsanalyse-online.de/transaktionsanalyse-einfach-erklaert/ Abfrage am 23. Feb. 2022

1.2 Kritik am Ampel-Modell

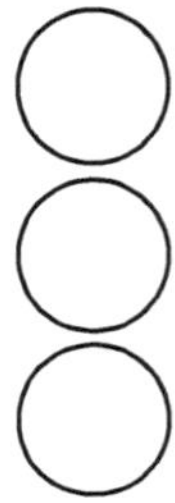

Das Ampel-Modell der Transaktionsanalyse ist

- farblos und zugleich
- wenig einprägsam.

Das **Über-Ich** unterscheidet sich weder in der Farbe noch in der Form
vom **Erwachsenen-Ich**
und-oder vom **Kind-Ich.**

[!]
Die jeweiligen Ausprägungen dieser Persönlichkeitsstufen fehlen beim Ampel-Modell völlig.
Das Ampel-Modell der Transaktionsanalyse ist schon deshalb unzureichend.
[!]
Das Ampel-Modell nutzt 3 gleichförmige,
wenig ansprechende meist gleichfarbige Kreise.
Die jeweilige Strukturebene muss deshalb extra mit Textbausteinen gekennzeichnet werden.

1.3 Das erweiterte Ampel-Modell

Das ursprünglich dreiteilige Ampel-Modell erfährt dabei weitere Unterteilungen.

das Eltern-Ich
fürsorglich / kritisiert

das Erwachsenen-Ich

das Kind-Ich
frei /
konform / rebellierend

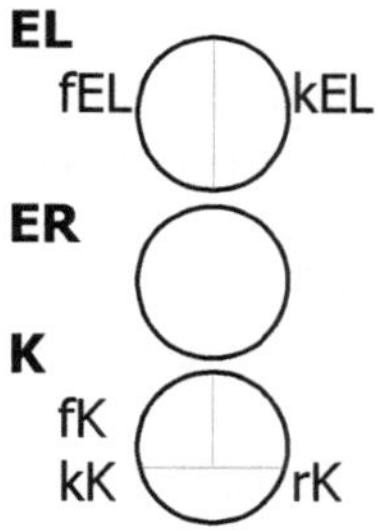

[!]
Es bleibt trotz Textkennzeichnung unzureichend:
Dem Ampel-Modell der Transaktionsanalyse
fehlt die Prägnanz.
[!]
Sowohl die Darstellung, drei Kreise,
als auch die Benennungen
sind, einschließlich der Abkürzungen,
leicht verwechselbar.

1.4 Die 3 Doschas

Transaktionen waren und sind schon immer ein wesentlicher tagtäglicher Bestandteil unserer menschlichen Kultur.

Stecken bereits ältere Denkansätze im dreiteiligen Modell der Transaktionsanalyse?

Bereits über ein Jahrtausend vor Christus finden wir diese Dreiteilung in der *Rigveda*. [4]

Spätestens seit der *Rigveda* können wir bei jedem Menschen mit den *drei Doshas* ganzheitlich seine Statur und zugleich sein Wesen beschreiben.

Nach dem *Ayurveda* wird die Körperseele von grundlegenden Prinzipien beeinflusst :
Es gibt *drei Doschas* oder Hauptwirkprinzipien.

Betrachten wir nun diese *drei Doshas* :

Vata , das Bewegungsprinzip
Pitta , das Stoffwechselprinzip
Kapha , das Strukturprinzip

---

[4] https://de.wikipedia.org/wiki/Rigveda

1. ***Vata*** , das Bewegungsprinzip

Das Bewegungsprinzip *Vata* reguliert die Bewegung : Atmung, Blutzirkulation, Verdauung und das zentrale Nervensystem.

Auf der psychischen Ebene wird *Vata* durch eine feinfühlige Wahrnehmung sowie durch schnelle oft flatterhafte Gedankenabfolge bestimmt.

Der *Vata* -Typ ist begeisterungsfähig, wissbegierig, reiselustig und hat eine Abneigung gegen kaltes, windiges Wetter.
Die Lust, etwas zu verändern, neue Wege zu beschreiten oder dem Leben einen neuen Sinn zu verleihen, entsteht durch das aktive und positive *Vata*.

Ist diese *Vata* - Energie jedoch negativ gepolt, so stehen Unzufriedenheit, tiefgreifender Pessimismus und mangelnde Courage jedem Neuanfang im Weg.
Mögliche Folgen sind nervöse Anspannung, geringe Ausdauer, Ängstlichkeit, Depression und Bluthochdruck. [5]

---

[5] Vergleiche hierzu auch: https://www.yoga-vidya.de/ayurveda/ayurveda-typen/ayurveda-typen-kapha/

2. ***Pitta***, das Stoffwechselprinzip

Das Stoffwechselprinzip *Pitta* reguliert den gesamten Metabolismus, sowohl den Stoffwechsel als auch den Energiefluss.
Das *Pitta* bestimmt die Art, wie Nahrung, Luft und Wasser im gesamten System verarbeitet werden.

Das *Pitta* ist vor allem an der ausgeprägten Führungspersönlichkeit zu spüren. Eine innere Kraft erfüllt diese Menschen, sie wollen bewegen.

Pitta - Menschen sind sehr ehrgeizig.
Sie wollen bestimmen und immer perfekt sein.
Der innere Leistungsdruck ist so stark, dass sie selten zufrieden sind.
Doch das ist für sie Grund und Antrieb, keine Mühen zu scheuen und scheinbar Unmögliches wahr zu machen.

Pitta verleiht eine starke Ausstrahlung, herausragende Intelligenz und entscheidende Willenskraft.
Wenn ein *Pitta*-Typ einen Raum betritt, so ist der Raum „voll". Jeder spürt die energische Ausstrahlung.

Pitta - Menschen werden unter Zeitdruck immer perfekter und pingeliger und durch Stress und hohe Anforderungen nur noch schneller, effizienter und genauer.
Oft schießen sie über ihr Ziel hinaus: aggressive, cholerische Anfälle sind die Folge. Menschen mit viel *Pitta* sehen Fehler und Unzulänglichkeiten sofort. Dadurch entsteht bei den Mitmenschen der Eindruck, niemals gut genug zu sein. [6]

---

6 Vergleiche hierzu auch: https://www.yoga-vidya.de/ayurveda/ayurveda-typen/ayureda-typen-pitta/

3. ***Kapha*** , das Strukturprinzip

Das Strukturprinzip *Kapha* reguliert die Strukturen, die Bildung von Muskeln, Fett, Knochen, Sehnen.

Auf der psychischen Ebene ist *Kapha* der Teil in uns, dem wir innere Ruhe, Frieden und Harmonie zuschreiben, erfahren und genießen.

Kapha - Typen lieben das Altbewährte und wirken auf andere manchmal etwas schwerfällig und behäbig. Entsprechend stark verfolgen sie geduldig und beharrlich jedes neues Ziel.

Kapha - Typen werden in keiner Weise müde.
Sie verfolgen ihr Ziel bis zum erfolgreichen Abschluss.

Kapha - Typen handeln wohlüberlegt, gründlich und bevorzugen einen ruhigen, gleichmäßigen Lebens- und Arbeitsstil. [7]

---

7 Vergleiche hierzu auch: https://www.yoga-vidya.de/ayurveda/ayurveda-typen/ayurveda-typen-kapha/

1.5 Bewusstes & Unterbewusstes

Vergleichen Sie selbst:

1. ***'Kind-Ich',***
2. ***'Ich' und***
3. ***das 'Unterbewusste'.***

Oder das

- ***Es,***
- ***Ich und***
- ***Über-Ich***

bei Freud. [8]

1. Das 'Kind-Ich'

beinhaltet alle unsere, unausgesprochenen, geheimen und offenbarten Wünsche, Bedürfnisse und Gefühle. Dazu gehören Ärger, Wut und Freude, Enttäuschung und Entzücken, Angst und Mut, Eifersucht, Hass, Argwohn, Neid, Sehnsucht und Glück, Schmerz, Trauer, Begeisterung und Liebe.

Als selbstbewusste Frau und auch als Erfolg-verwöhnter, erwachsener Mann tut es gut, wenn man Gefühle zeigen kann!

---

8 Vergleiche hierzu auch: https://gedankenwelt.de/die-theorie-des-unbewussten-nach-sigmund-freud/ https://de.wikipedia.org/wiki/Das_Unbewusste

2. Das 'Erwachsenen-Ich'

ist das Daten- und Rechenzentrum, das die für das 'Ich' verfügbaren Informationen logisch verarbeitet.
Dabei hängt es stark davon ab, auf 'welchem Ohr' wir gerade hören.
Wie selbstbewusst sind wir?

ok	ok	positiv
ok		\
	ok	/
		negativ

Ist die Beziehung entspannt, gleichberechtigt auf Augenhöhe, partnerschaftlich und beidseitig **positiv** ?
Ist sie hierarchisch **herabschauend ** oder lediglich **aufschauend** : „**Du** bist 'ok' ?" **/**
Oder ist sie beidseitig **negativ** ohne jedwede positive Wertschätzung ?
Sache, Beziehung, Selbstoffenbarung und Appell sind die vier unterschiedlichen Aspekte unter denen wir jede Information betrachten und beurteilen.
Und wenn dieses Rechenzentrum fehlerbehaftete Daten erhält? - Dann gibt es Fehlentscheidungen!

3. Das 'Eltern-Ich'

dabei handelt es sich um übernommene, prägende Verhaltensweisen von Eltern, Großeltern Lehrern und anderen Autoritäten. Wir übernehmen, speichern und nutzen unbewusst deren Rolle oder deren Verhaltensmuster zur Problembewältigung in für uns ähnlich erscheinenden Situationen.

Wie oft haben wir uns schon darüber gefreut oder haben gar gelacht, wenn unser Nachwuchs *'ganz die Mama'* oder *'ganz der Papa'* sind!

1.6 *Die Persönlichkeit*

Die Persönlichkeit ist vielschichtiger :

Reichen das **Über-Ich**, das **Erwachsenen-Ich** und das **Kind-Ich** der Transaktionsanalyse zur Darstellung einer Persönlichkeit?
Nein.
Denn jede diese drei Ebenen besitzt jeweils zumindest zwei Teile.

Eine vollkommene Persönlichkeit zeigt durch ihr Denken und Verhalten ein ausgewogenes Verhältnis
zwischen dem

- übernommenen und
- prägenden **Über-Ich**,

- dem intelligenten und
- subjektiven **Erwachsenen-Ich** und dem

- offenherzig-originellen und
- collectiv-conformen **Kind-Ich**.

Das sind 6 Ebenen.

Entfalten sich das **Über-Ich**, das **Erwachsenen-Ich** und das **Kind-Ich** tatsächlich in dieser Reihenfolge?

2 *Mein* **CO SI MA** *- Modell entsteht*

Mein **CO SI MA - Modell**
vereint Jahrtausende altes Wissen mit den Erfordernissen der Neuzeit.

Mein **CO SI MA - Modell**
orientiert sich an der Entwicklung der Persönlichkeit.

Wir sehen sie reifen vom

- **Kind** über den
- **Erwachsenen** und wir erfahren, wie das
- **Über-Ich** entsteht.

2.1 Das originelle Kind

Die Entwicklung einer Persönlichkeit beginnt mit dem **Kind-Ich**.

Das Gesichtchen eines Kleinkindes löst meist unbewusst, durch sein Kleinkind-Schema, Ammenverhalten aus. Kleinkinder verhalten sich natürlich offenherzig und originell.

Das '**Originelle**' ist unsere mächtigste Strukturebene: Kleinkinder zeigen Experimentierfreude und sie sind offen für Erfahrungen.
Lustbetont 'Kleinkind' sein bedeutet
Liebe, Lust, Leid und offenherzige Freude an Intimität, allgemein: Lustgewinn !

Manche Erwachsene werden nie erwachsen.

Sie verhalten sich wie Kleinkinder :
offenherzig und originell [O]

2.2 Das collectiv-conforme Kind

Das ***Collectiv-Conforme*** [9]
Das collectiv conforme Denken und Verhalten, die Umgangsformen, erlangen wir - mehr oder weniger - nach und nach durch Nachahmung und Erziehung.

Collectiv-conform prägend wirken, natürliche und sogenannte, Autoritätspersonen :
Eltern, Erzieher(innen), Lehrer, Lehrmeister, ... aber auch: Gleichaltrige und andere Idole.

(V)erzogene *'brave Kinder'* zeigen soziale Befangenheit und machen, was gerade in der Gruppe *'in'* ist.
Auch dann noch, wenn ihnen dieses Verhalten längst zuwider ist. Mögliche Folgen sind die *'innere Kündigung'* oder gar die *'Rebellion'* !

Das '**Collective**' bietet Leidenschaft - eine Eigenschaft, die bekanntlich Angst, Kummer und Leiden schafft - Pflicht, Loyalität, Disziplin, Anpassung und conforme Claqueure.

Manche bleiben **Collectiv-Conform [C]**

---

[9] Diese Wortanfänge und die von der normalen Rechtschreibung abweichenden Schreibweisen mit C (Alliteration / Tautogramm) wurden bewusst gewählt.

2.3 Der Impuls-Bewusste

Manche verharren in ihrem Erwachsenen-Ich.
Das fürsorgliche Denken und managende Verhalten fehlt.

Mit dem Erwachsenwerden erwarten wir Verhaltensmuster, welche dem Erwachsenen-Ich entsprechen.

Dazu gehört intelligentes Verhalten genauso wie innovatives Denken, aber auch ein selbstbewusstes - der Selbsterhaltung dienendes - subjektives Denken und mit Augenmaß auch : selbstsüchtiges Verhalten.

Das '**Intellektuelle**' ist situationsbezogenes forschendes Interesse, Impulsbewusstsein, Intuition, intelligent, neugierig, erforschend und interpretierend, Erkenntnis- und Denkvermögen, Mut zum Abenteuer und Freude am Experiment.

Dazu gehört intelligentes Verhalten genauso wie innovatives Denken [I]

2.4 Der Selbst-Süchtige

Das '**Subjektive**' ist ausschließlich auf die eigene Person bezogenes Leistungsstreben, egozentrisch, alles nur für sich selbst, ein *'Schwarzes Loch'*, selbstgefällig, süffisant und rücksichtslos selbstsüchtig, aus der Sicht des eigenen Vorteils handelnd.

Dazu gehört ein der **Selbsterhaltung** dienendes **subjektives** Denken und (maßvolles) **selbstsüchtiges** Verhalten **[S]**.

2.5 Anerkennende

Erlebte Denk- und Verhaltensmuster werden unbewusst übernommen und später in ähnlichen Situationen aus dem **Über-Ich** abgerufen. Sowohl die Verantwortung, das Versorgen und Verpflegen als auch das Kontrollieren, und das Akzeptieren oder Verwerfen gehören zum **Über-Ich**.

Denk- und Verhaltensmuster von Eltern und Großeltern, Lehrern und Chefs, werden dem **Über-Ich** zugeordnet. Mustergültige Autoritäten denken und handeln wie Anerkennende-Ammen und zugleich wie vorbildliche Manager.

'**Anerkennende**' sind wie **achtsame Ammen [A]**
Sie zeigen Mitgefühl, Besonnenheit, Mitverantwortung und Versorgung:

'Amme' sein ist ein sehr starkes Erlebnis, die Erregung reicht bis zum Orgasmus.

'Liebende' zeigen abwechselnd Ammenverhalten und Kleinkind-Muster.

2.6 Mächtige

Das '**Mächtige**' beruht auf Durchsetzung von Tabu und Gebot, Riten, Ethik, 'herrschender Moral'.

Dazu gehören Erziehung, Feindbilder, Kontrolle, Kritik und die Kultur.

Wir lassen es zu, dass Chefs als
'Mächtige-Manager' [M]
Meinung und Mode machen.

3 Die 2 * 3 Teile einer Persönlichkeit

Genau genommen, hat eine **gesunde Persönlichkeitsstruktur** keinesfalls nur drei, sondern drei mal zwei Persönlichkeit-Ebenen :

Als **Kennfarben** wähle ich

grün
für das **Kind-Ich**,

orangegelb
für das **Erwachsenen-Ich** und

rot
für das **Über-Ich**,

die 6 **Kenn-Buchstaben**

CO SI MA
als *Kenn-Buchstaben*, Kürzel und Merkwort,

und drei mal zwei
ineinandergeschachtelte
prägnante Formen.

Sie sehen nun einen **Halbkreis** mit Gesichtchen
in einem grünen Quadrat:

[O]
Zum **offenherzigen** Gesichtchen im Halbkreis
(Kleinkind-Schema) schreibe ich:
Leid, Liebe und Lust.

[C]
Im **Collectiv-Conform**-angepassten Bereich steht:
Leidenschaft und List.

Sie sehen nun einen **Rhombus**
in einem schwarzen Quadrat mit Siebstruktur:

[I]
Der **Intellekt** verarbeitet, oft **intuitiv**,
für das Ich, erreichbare Daten.

[S]
Das **Subjektive** ist egozentrisch **selbstbezogen**
auf persönliche Gewinnoptimierung aus.

Sie sehen nun ein **Dreieck**
in einem roten Quadrat.

[A]
Zum roten Dreieck gesellen sich die Begriffe:
Anerkennende-Ammen,
Verantwortung, Versorgen und Verpflegen.

[M]
Darüber, im kontrollierenden und
managendem Machtbereich :
Verwerfen, Verwerten sowie **Verbessern.**

3.1 Das Kind-Ich

(grünes Quadrat) wird unterteilt in:

[O] Offenherzig-Originell (Gesichtchen)

Zum Gesicht im Halbkreis schreibe ich:
Leid, Liebe und Lust.

[C] Collectiv-Conform (liegendes **C**)

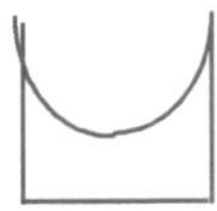

Im **Collectiv-Conformen**
angepassten Bereich steht:
Leidenschaft und List.

3.2 Das Erwachsenen-Ich

(orangegelbes Quadrat) wird unterteilt in:

[I] intuitiv-intellektuelles Impulsbewusstsein
(Rhombus)

Der **Intellekt** verarbeitet **intuitiv**,
für das Ich, erreichbare Daten.

[S] subjektiv-selbstbezogen (**S**ieb)

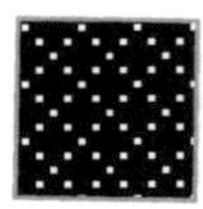

Das **Subjektive**
ist egozentrisch **selbstbezogen**
auf persönliche Gewinnoptimierung aus.

3.3 Das Über-Ich,

die Machtposition der Eltern
(rotes Quadrat) wird unterteilt in:

[A] Anerkennende-Ammen (Dreieck)
Zum roten Dreieck gesellen sich:
Verantwortung, Versorgen
und **Verpflegen.**

[M] Mächtige-Manager (**M**)
kontrollieren:
Verwerfen, Verwerten
und **Verbessern.**

"Ich könnt ihn / sie erschlagen!"

Solch oder ähnliche Wutausbrüche haben wir alle schon gehört. Diese spontanen 'Mordgelüste' werden,
Gott sei Dank,
äußerst selten umgesetzt :

Was hielt und hält von der Tatausführung ab?
Es ist weniger die drohende Strafe.

Unser **Über-Ich** signalisiert :
"Lass das ! So was tut man nicht !"

4 Das *CO SI MA - Modell*

Von oben nach unten sehen wir als

MA (M und Dreieck) in der Kennfarbe **rot**
das **Über-Ich**

SI (Sieb und Rhombus) **orange**
das **Erwachsenen-Ich**

CO (liegendes C und Gesichtchen) **grün**
das **Kind-Ich**.

Nun betrachte ich mein Modell von unten nach oben:
Denn der Mensch wächst
und seine Persönlichkeit entwickelt sich vom

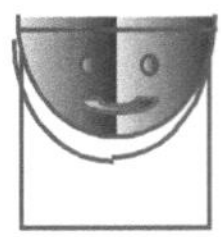

offenherzigen zum **collectiv-conformen Kind-Ich**
CO (**grün,** liegendes C und Gesichtchen)

über das **intuitive** und **subjektive Erwachsenen-Ich**
SI (**orange,** Sieb und Rhombus)

zum anerkennenden und managenden **Über-Ich**
MA (**rot,** M und Dreieck)

Eine vollkommene Persönlichkeit zeigt im Denken und Verhalten ein ausgewogenes Verhältnis zwischen dem übernommenen und prägenden Über-Ich **[MA]**, dem intelligenten und subjektiven Erwachsenen-Ich **[SI]** und dem Offenherzig-Originellen und Collectiv-Conformen Kind-Ich **[CO]**.

[C] **Collectiv-Conforme**
sind gefällig mit aller
Leidenschaft und List.

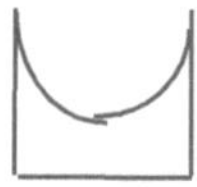

[O] **Offenherzig-Originelle**
genießen das Leben,
Leid, Liebe und Lust.

[S] **Subjektiv-Selbstbezogene**
sind egozentrisch auf
persönliche Gewinnoptimierung aus.

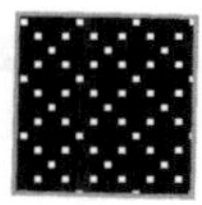

[I] **Intuitiv-Intellektuelle**
verarbeiten die,
für das Ich, erreichbaren Informationen.

[M] **Mächtige-Manager**
kontrollieren
verbessern und verwerfen.

[A] **Anerkennende-Ammen**
zeigen Verantwortung,
Versorgen und Verpflegen.

Die gesamten Begriffe, und die dazu gehörenden Notizen und Stichworte nutzen nach Möglichkeit bewusst als Stilmittel die Alliterationen und Tautogramme d.h. gleiche Wortanfänge.

[C] Collectiv-Conforme
sind gefällig mit aller Leidenschaft und List

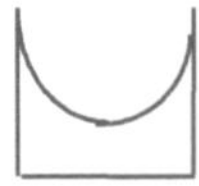

[O] Offenherzig-Originelle
genießen das Leben, zeigen Leid, Liebe und Lust

[S] Subjektiv-Selbstbezogene
sind egozentrisch auf sich selbst und persönliche Gewinnoptimierung aus

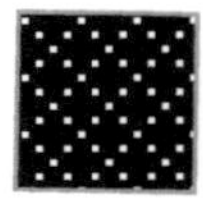

[I] Intuitiv-Intellektuelle
verarbeiten (innovativ) die, für das Ich, erreichbaren Informationen

[M] Mächtige-Manager
verbessern und verwerfen

[A] Anerkennende-Ammen
Verantworten, Versorgen und Verpflegen

Von oben nach unten gelesen ergeben
die 6 Buchstaben
C O S I M A

Der Buchstabe
C befindet sich in **collectiv** und **conform**, und im C-Modell als Halbkreis.

O finden wir in **offenherzig** und **originell**, und im dazu gehörigen "Gesichtchen".

S zeigt, dass sich diese Person **subjektiv-selbstsüchtig** durchs Leben schlängelt.
I ist gradlinig, und erinnert an die Wörter **intuitiv**, **innovativ**, intellektuell.

M befindet sich in **mächtig** und **Manager**, und im M-Modell als Struktur.

A findet sich in **anerkennend** und **Amme**, und im A-Modell als "Dreieck".

Verkürzt sind das die Vokale
[OIA] und die drei Begriffe
Lust, **Wissen** und **Verantwortung**
aber auch die Konsonanten **[CSM]** und die drei Begriffe
List, **Gewinn** und **Macht.**

Das neuartige **CO SI MA - Modell**
gliedert die Persönlichkeit
in zwei **rote**, zwei **orange** und zwei **grüne** Bereiche.

Dabei stehen die **roten** Buchstaben **MA**
für das **Über-Ich**.

Die beiden **orangen** Buchstaben **SI**
kennzeichnen das **Erwachsenen-Ich**.

Und die beiden **grünen** Buchstaben **CO**
werden dem **Kind-Ich** zugeordnet.

5 Arbeiten mit dem *CO SI MA - Modell*

Das Rechteck mit Dreieckausschnitt **[M]** und das gefüllte Dreieck **[A]** stehen für die zwei roten Bereiche **MA** des Über-Ichs.

Das Rechteck mit Sieb-Struktur **[S]** und der gefüllte Rombus **[I]** symbolisieren die zwei orangen Bereiche **SI** des Erwachsenen-Ichs.

Das Rechteck mit Halbkreis-Ausschnitt **[C]** und das Gesichtchen **[O]** stellen die zwei grünen Bereiche **CO** des Kind-Ichs dar.

Das neuartige **CO SI MA** - Modell bietet für jeden der sechs grundlegenden Charaktere

- ➔ die ein-eindeutige farbliche Zuordnung zum jeweiligen **Ich**
- ➔ die ein-eindeutige Zuordnung zu seinem Kennbuchstaben
- ➔ eine ein-eindeutig zuordenbare prägnante Form,
- ➔ auch dann wenn sie nur flüchtig mit irgendeinem Stift gezeichnet werden.

Dreimal zwei ein-eindeutig unterscheidbare Formen prägen das Erscheinungsbild dieses Modells.
Bei einer vollkommenen Persönlichkeit sind alle sechs Charakterzüge in etwa gleichermaßen ausgeprägt.
Auch eine vollkommene Gesellschaft sollte all diese sechs Denk- und Verhaltensmuster bei ihren Bürgern gleichermaßen fördern und einfordern.
Schauen wir uns nun die einzelnen Teile einer Persönlichkeit genauer an:

5.1 *Collectiv-Conforme [C]*

Collectiv-Conforme wollen gefallen.

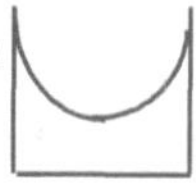

Das (v)erzogene Collectiv-Conforme, angepasste und nachahmende Kind hat eine leidenschaftliche Sehnsucht nach Glück und Anerkennung. Aber: Leidenschaft ist eine Eigenschaft, die Angst, Kummer und Leiden schafft !

Das *'angepasste Kind'* baut auf sekundäre Gefühle, ist gefällig und möchte gefallen, ist möglichst stets modisch gekleidet und will (anderen) alles richtig machen. Dieses *'nette, brave Kind'* tut, was von ihm erwartet wird, kündigt irgendwann innerlich, ist deshalb unausgeglichen und ängstlich, und wird auf Dauer nervös, depressiv oder aggressiv.

Collectiv-Conforme sind oftmals Perfektionisten.
Sie haben das Collectiv-Conforme Denken und Verhalten (oder was sie dafür halten) als ihr Wertesystem verinnerlicht. Die üblichen Umgangsformen ihrer Gruppe sind für Sie scheinbar Gesetz. Sie gehorchen dem Modediktat vieler Modeschöpfer. Um unbedingt ebenfalls die Größe 34 wie deren Modells tragen zu können, vergessen diese Twiggies das Essen.[10]

Höflichkeit und Normen werden von Ihnen, solange sie das Gefühl haben überwacht zu werden, eingehalten.

---

[10] Das Schönheitsidea ändert sich: **Elizabeth Taylor** und die 90-60-90 der **Marilyn Monroe** würden heute in die Kleidergröße 40/42 passen. Seit 2010 werden weibliche Rundungen als Schönheitsideal immer mehr "in". **Mila Kunis**, **Rihanna** und sogar die ehemals spindeldürre **Kate Moss** haben eine gesunde weibliche Figur, abseits von Magerwahn und Essstörungen. http://www.jolie.de/beauty/schoenheitsideal

Lasch überwachte Normen werden von ihnen systematisch und scheinheilig unterlaufen.
"Das haben wir (in unserer Gruppe) schon immer so gemacht."

Das Hinterfragen unlauterer Verhaltensmuster ist ihnen dann 'sehr' peinlich.

Menschen orientieren sich im Alter von 12-14 vorübergehend eher an Teenagern als an Erwachsenen. Die Risikobereitschaft Heranwachsender in einer Gruppe von 13-16jährigen ist 3 Mal so hoch, bei 17-24jährigen doppelt so hoch wie bei ab 25jährigen und-oder Allein agierenden. [11]

Eigene Meinungen polarisieren. Im ungünstigsten Fall können sie gar die Aufmerksamkeit auf Dich lenken.

Collectiv-Conforme halten sich zurück und stimmen möglichst den anderen zu. Bei der Verteilung von Aufgaben schlagen sie die Augen nieder und sind still. Dumm stellen und trödeln hilft auch, besonders im Team: *Toll ein anderer macht's!*

Collectiv-Conforme erzählen nie etwas über ihre Gefühle, Vorlieben oder gar über persönliche Peinlichkeiten.
Sie geben keine persönlichen Partys um bloß keine Blöße zu zeigen.

Trotz ihrer Sehnsucht nach Anerkennung meiden sie soziale Interaktionen und wollen in und mit der der Masse *'ungesehen mitschwimmen'*.

---

[11] Blackmore Dr.: Das Teenagergehirn. Die entscheidenden Jahre unserer Entwicklung. Fischer Verlag, Frankfurt/Main 2018 S.49; 66

Gehorsam *'sich benehmen'*, das Auswendiglernen, Sich-zurückziehen, Sich-schuldig-fühlen, Verschließen, Schmollen; die *'innere Kündigung'* sämtliche Gefühlsmaschen und Aufrechnungen kommen aus dem angepassten (erzogenen oder verzogenen) Kind-Ich.

Gefällige Gefallene zeigen pubertäres Verhalten, mangelndes Selbstbewusstsein, Angst vor Enttäuschung, Leidenschaft, Eifersucht, Hass, Argwohn, Neid und Sehnsucht nach Anerkennung.

5.2 Offenherzig-Originelle [O]

Offenherzig-Originelle sorgen sich nicht.

Kinder bis zu einem Jahr hören genau zu.
Sie erkennen feinste Laut-Nuancen und sind befähigt Sprache(n) akzentfrei zu Erlernen.
Das Lernen erfolgt (in diesem Alter) nur durch Interaktion mit einem Menschen.[12]

Kleinkinder verhalten sich natürlich offenherzig und originell. Sie ziehen Frösche an den Füßen, essen Maikäfer, streicheln oder schlagen, lachen oder weinen, je nachdem wie ihnen zumute ist.

Wir sollten uns ein Sechstel dieses Charakterzuges bis ins hohe Alter retten.
Wenn dieses Verhalten jedoch auch noch im Schulalter oder gar später noch überwiegt, dann stimmt etwas nicht...

Hierher gehören all unsere Wünsche, Bedürfnisse und Gefühle, Freude, Ärger, Wut, Enttäuschung und Entzücken, Schmerz, Trauer, Glück, Begeisterung und Liebe.

Dieses 'freie Kind-Ich' drückt sich spontan aus, ohne sich um die Reaktionen all der Elternfiguren der Welt zu kümmern; es forscht, erfindet, lacht und weint, ist schamlos, quält und weiß nichts von Recht, Moral und Ethik.

---

12 Blackmore Dr.: Das Teenagergehirn. Die entscheidenden Jahre unserer Entwicklung. Fischer Verlag, Frankfurt/Main 2018 S. 85f.

Das offenherzige Originelle, dieses lustbetonte 'Kleinkind' sein, ist unsere mächtigste Strukturebene. Dieses 'Kleinkind-Schema' löst bei den meisten Mitmenschen ein 'Ammenverhalten' aus.

Dem Freiheits- und Erkundungsstreben der Offenherzig-Originellen setzen gewissenhafte Anerkennende konsequent altersgemäße Regeln und Grenzen.

Bei allen Gesellschaften sei es wichtig, dass Neubürger die Grenzen und Normen des aufnehmenden Kulturkreises anerkennen. Ein strenges, konsequentes und hartes Einfordern der Landes-typischen Grenzen und Normen vermeide die ausufernde Bildung von Parallelgesellschaften.[13]

---

13 Berliner Tagesspiegel: 5.Sept.2011 Diskussion von Berliner Schülern mit Politikern über Integration und Inklusion von Neubürgern in Wedding

5.3 *Subjektiv-Selbstsüchtige [S]*

Subjektiv-Selbstsüchtige sorgen nur für sich (und Ihresgleichen).

Subjektiv-Selbstsüchtige sind eiskalte Rechner, egozentrisch, ausschließlich auf persönliche Gewinnoptimierung aus, selbstgefällig, süffisant und rücksichtslos selbstsüchtig, nur aus der Sicht des eigenen Vorteils handelnd. Ein besitzergreifendes Wesen, stets unzufriedene nur um den Erhalt und die Erweiterung ihrer Pfründe besorgte Habgierige.

Dies sind beispielsweise jene Banker, welche Jedwedem bei heiterer Wetterlage massenweise Kredite aufdrängen und sie beim geringsten Wölkchen am Konjunkturhimmel wieder unbarmherzig einfordern. Bei heiterer Konjunkturlage beleihen sie Sicherheiten voll oder gar über 100% hinaus. Um dann plötzlich festzustellen, dass der Kredit ab 40% Beleihung für dieses - von der Bank direkt oder indirekt empfohlene und verkaufte Objekt - notleidend sei.[14]
Und wenn Bank sich mit den Hebeln vertan hat und durch die Hebelwirkung riesige Verluste entstehen, dann werden diese Verluste zugunsten der Bank sozialisiert. So gewinnt die Bank immer und kann kurz darauf wieder über 25% Rendite aufweisen...
Subjektiv Selbstbezogene sind egozentrisch auf persönliche Gewinnoptimierung aus. Dazu zählen neben dem eiskalten Rechner auch die Datensammler.
Sie sieben alles für sich aus, und raffen was für sie und Ihresgleichen von Wert sein könnte an sich.

---

[14] Volker Pispers kritisiert Geldschöpfung - https://www.youtube.com/watch?v=nIP_AxzeVbM

5.4 Intelligente-Innovative [I]

Intelligente-Innovative forschen um der Forschung willen.

Der Intellekt, ermöglicht die logische Verarbeitung der, für das Ich, erreichbaren Daten.

Dazu gehören situationsbezogenes Interesse und Impulsbewusstsein ebenso wie Intuition, Erkenntnis- und Denkvermögen, Mut zum Wagnis, Abenteuer und zum Experiment.

Innovative sind intelligent, erforschend und interpretierend, meist Verstand-betont und voll Selbstvertrauen. Forscher und Entwickler strahlen: Erfolge spornen sie zu immer neuen Erfolgen an.
Wilhelm Busch hat Recht:
"Ein erfüllter Wunsch bekommt augenblicklich Junge."

Oftmals wird ihnen erst reichlich spät - meist zu spät - bewusst, dass ihre Forschungsergebnisse auch missbraucht werden können :
Ohne Dynamit hätten wir heute keinen Nobel-Preis.
Ohne Kernspaltung keinen Atomstrom.
Aber damit öffnete sich auch die Büchse der Pandora...

Intuitiv werden die erreichbaren Informationen verarbeitet. Es ist das Gehirn, Datenzentrum, der Computer. Ich notiere mir :
Intellekt, aber auch Innovation.
Wenn dieses Rechenzentrum falsche Daten erhält? - Dann gibt es Fehlentscheidungen!

5.5 *Mächtige-Manager [M]*

Mächtige-Manager bestimmen was zu tun ist.

Macht beruht auf Tabu und Gebot, Riten, Ethik, *'herrschender Moral'* und Erziehung. Dazu gehören Feindbilder, Kontrolle, Kritik und die Kultur.
So entstehen Werte, Tradition, Ethik und Gewissen, lebensnotwendig für die Erhaltung und das Überleben von Kultur und Zivilisation. [15]

Niemand, weder Einzelperson noch Gesellschaft, muss Angriffe auf sich hinnehmen. Behörden, also staatliche und kommunale Dienststellen oder Verwaltungsorgane, repräsentieren das Machtmonopol des Staates. Übermäßige Toleranz sowie fehlende Tugend, Tüchtigkeit, Konsequenz und Willenskraft gefährden das Machtmonopol eines Staates viel eher und deutlich mehr als tyrannisches Verhalten.[16] [17] [18]

Tyrannisches Verhalten, die Pascha-hafte Unfähigkeit Verzögerungen hinzunehmen, ist die Ursache für einen *'sauren Körper'*, Magengeschwüre, Angina und das sogenannte *'Herzbrennen'* :
Heute besser bekannt als Manager-Krankheit, Sodbrennen, Angina pectoris und Herzbeschwerden.

---

15 Werte und Wertevermittlung: Siehe auch https://www.vorausschau.de/files/BMBF_Foresight_Wertestudie_Langfassung.pdf

16 Volker Reinhardt: *Machiavelli oder Die Kunst der Macht. Eine Biographie.* München 2012, S. 254 ff.

17 Axel Becker: *Die Toleranz-Falle – Was grenzenlose Liberalität uns und unseren Kindern antut.* Beltz Verlag Weinheim 2016, S. 84 ff.

18 https://www.spiegel.de/kultur/gesellschaft/toleranz-was-bedeutet-das-wort-eigentlich-a-1083748.html

In der freien Marktwirtschaft genehmigen Mächtige-Manager höhere Gehälter für Aufsichtsräte.
Diese Aufsichtsräte genehmigen wiederum höhere Gehälter für die Manager...
Längst ist durch diese gegenseitige Bereicherung eine oftmals als *"Neid-Debatte"* abgewatschte offensichtlich gewordene Gerechtigkeitslücke entstanden :
Die deutlich unterbezahlten Leiharbeiter sowie die Arbeiter und Angestellten und auch die Minderheits-Aktionäre zahlen die Zeche. Allen gebührt ein angemessener Teil des wirtschaftlichen Erfolgs.
Aber dafür müsste man zumindest Aufsichtsrat sein...

Wir alle kennen das Verhalten der Mächtigen und vieler Manager:
Kritisieren, Befehlen, Beherrschen und *'alles besser wissen',* Tyrannisieren, Abwerten, Strafen, Züchtigen, Schimpfen und *'für Ordnung sorgen';* also all das, was uns von strengen Autoritätspersonen bekannt ist.

5.6 Anerkennende-Ammen [A]

Anerkennende-Ammen zeigen Mitverantwortung und sorgen auch für die Schwachen. Sie sind Vorbilder und haben Vorbildfunktion.

Zu diesen Anerkennenden zählen Mütter und Väter, welche ihre Kinder annehmen. Anerkennende Großmütter und Großväter, Leihmütter, Lehrer,... und auch die erfolgreichen Chefs alten Schlages gehören hierher.

Sämtliche Eigenschaften einer fürsorglichen Mutter oder eines fürsorglichen Beschützers finden wir hier :
Pflegen, Hegen, Loben, Unterstützen, Helfen, Ernähren, Umsorgen und *'Betüddeln'*.
Also alles, was eine Mutter mit ihrem Baby macht.

Dazu benötigt sie, ebenso wie alle anderen Anerkennenden :
Disziplin, Leistungsbereitschaft und Durchhaltevermögen, Pflichtbewusstsein, Pünktlichkeit, Ordnung und Gewissenhaftigkeit. Die stete (Mit-)Verantwortlichkeit bringt nahezu alle Anerkennenden immer wieder an ihre physischen und psychischen Grenzen. Sei es auch nur durch durchwachte Nächte oder Schlafentzug. Trotzdem : *'Amme'* sein ist ein sehr starkes Erlebnis, die Erregung reicht dabei bis zum Orgasmus.

Anerkennende sehen auch Mängel und zeigen die Folgen und Auswirkungen. Fehler und Fehlentscheidungen tragen sie folgerichtig einmalig mit.

Sie beteiligten Ihre Mitarbeiter konsequent am Erfolg, aber auch am Misserfolg.

Anerkennende behüten, lassen notfalls Unbelehrbare aber auch ihre ersten eigenen unbedenklichen Erfahrungen sammeln.

Anerkennende setzen Grenzen und ziehen klare Konsequenzen; denn grenzenlose Geduld wird gern missbraucht.
Sie haben ein Ohr für Sorgen und Nöte, zeigen in ihrer Fürsorge Unbeirrbarkeit und feste Entschlossenheit.
Sie anerkennen wahrhaftig die erbrachten Leistungen und fördern richtige Entscheidungen.

Anerkennende sind verlässlich und zeigen, dass ihnen ihre Mitarbeiter und Geldgeber wichtig sind.
Verständige Mitarbeiter und Geldgeber würdigen dieses loyale Verhalten der Chefs ihrerseits mit Loyalität.
Und dies auch in harten Zeiten.

6 CO SI MA Modell-Kombinationen

6.1 *Perfektionisten und innovative Reformer [MI]*

Mächtige Perfektionisten und innovative Reformer sind oftmals Chefs oder andere ungeduldige *"Alpha-Tiere"* die eigentlich *"immer"* recht haben und wissen, wo's langgeht.

Diese Perfektionisten sehen all das, was noch gemacht oder verbessert werden muss. Sie wollen die Welt reformieren. Dies unverzüglich, auf dem kürzesten Weg: Alles sollte augenblicklich fertig sein. Kritik an und Zorn auf alles Unvollkommene, sowie Ungeduld kennzeichnen Perfektionisten.[19]

Unpünktlichkeit, Faulheit, Nachlässigkeit oder mangelnde Kompetenz ärgern maßlos.
Manche mächtige Perfektionisten nutzen oftmals selbstgerecht Pünktlichkeit, Fleiß, Pflichtbewusstsein, Ordnung und das Streben nach Perfektion als Machtmittel.

Einfach spielen, feiern und das Leben genießen, allgemein die heitere Lebensfreude, gelassene Fröhlichkeit und das Wissen, dass alles Wachstum Zeit braucht, fehlt zumeist diesen Perfektionisten.

---

19 Enneagramm: http://www.enneagramm-studio.de/teststart.php

6.2 Anerkennende mit Helfersyndrom [AS]

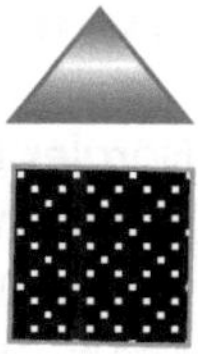

Erdrückende Ammen mit Helfersyndrom glauben,
sie würden nur geliebt,
wenn sie selbst lieben:
Deshalb suchen sie Sicherheit in der Welt der Liebe. Sie gehen durchs Leben und kaufen Liebe.
Sie sorgen dafür, dass man sie lieben muss.

Anerkennende-Ammen mit Helfersyndrom und viele *"Sugar-daddies"* sind großzügige warmherzige Menschen, welche (ständig) damit beschäftigt sind, Anderen zu *'helfen'*.
Die Beziehung ist meist einseitig, da sie von sich selbst nur wenig preisgeben. Und:
Es fällt ihnen schwer, sich selber helfen zu lassen.

Für andere da zu sein ist der Sinn ihres Lebens.
In ihrer Nähe fühlt man sich wohl und geborgen jedoch erwarten sie übertrieben viel Dank.
Sie schmeicheln sich ein:
"Ich werde dich auf eine Weise lieben, dass Du mich nicht nicht lieben kannst! Und wenn Du mich dann immer noch nicht liebst, wirst Du dich schuldig fühlen!"

Dabei merken sie meist selbst nicht, wie viel Druck und Schuldgefühle sie vermitteln. Alle, die zur Umgebung gehören, spüren diese ständige stumme Erwartung. Manche fühlen sich von dieser angeblich *"selbstlosen"* Hilfsbereitschaft manipuliert und benutzt. Wir wissen immer, dass dieser Mensch noch mehr Zuwendung erwartet und *"süchtig"* auf immer mehr Zuwendung ist.

6.3 Anerkennung fordernde Collectiv-Conforme [SC]

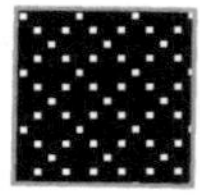

Nörgler und deren weibliche Pendants haben an allem etwas auszusetzen. Sie sind mit nichts zufrieden:
Weder mit den Arbeitszeiten trotz Gleitzeit, weder dem Büro trotz persönlicher Ausgestaltung mit dem gewünschten Bonsai-Bäumchen, weder dem kostenlosen Mittagessen in der Kantine, noch mit der Arbeit trotz der modernsten Arbeitsmittel.

Das Dumme dabei:
Ihre Nörgelei ist ansteckend. Sie sollte möglichst rasch unterbunden werden. [20]
"Was ist eigentlich der Grund, dass Sie sich so häufig beschweren?"

Das Gegenstück sind nach Anerkennung heischende Collectiv-Conforme, welche ihr positives Image pflegen:
Diese *'Zier-Pflanzen'* haben (als Kind) schnell gemerkt, dass sie freundlich und gepflegt, attraktiv und gut aussehend, anziehend wirken.
Als Karriere-süchtige Opportunisten verstecken diese obrigkeitshörigen, meist feigen Konformisten ihre fehlende Zivilcourage. Als Mitläufer biedern sie sich Autoritäten an und nutzen Anpassung und Doppelmoral oft für ihren eigenen Aufstieg.[21]

---

[20] C-Mitarbeiter stören den Betriebsfrieden - https://www.abc-personal-strategie.de/abc-verstehen/mitarbeiter-unterscheiden-abc-mitarbeiter/ Bedenken und Sorge : https://www.apriori.de/differenzierung-die-umstrittenste-methode-zur-mitarbeiterbeurteilung-zurecht/

[21] Vergleiche hierzu auch: https://www.nibis.de/der-untertan_9375 - Satire von Heinrich Mann: Der Untertan

Sie sind gute Schauspieler und auch sehr gute Verkäufer. Sie umgarnen uns, sind kompetent, tüchtig, optimistisch und äußerst vital. Sie strahlen Vertrauen erweckende Leichtigkeit aus und verbreiten eine gute Atmosphäre.

Sie tun viel dafür, um nach außen eine erfolgreiche und in ihrer Gruppe attraktive Fassade zu präsentieren.
Und sie sind oft in Führungspositionen zu finden.
Dazu gehören auch die Manager, die Ihre Mitarbeiter mit befristeten Zeitverträgen knebeln um beispielsweise gegenüber den Geldgebern und Aktionären gut dazustehen.

Jedoch mit Loyalität, vor Allem gegenüber Untergebenen, hat ihre Freundlichkeit wenig gemein :
Sie suchen den Erfolg und sind insgeheim subjektiv-selbstsüchtig nur auf ihren eigenen Gewinn aus.
Misserfolg oder Versagen können sie fast nie ertragen.
Erfolgreichere Mitbewerber erleben deshalb Eifersucht, Neid-Attacken, bitterböse Konkurrenzkämpfe und äußerst unfaires Verhalten.

6.4 Anerkennung suchende Originelle Träumer [SO]

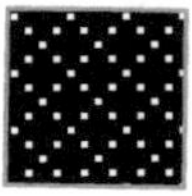

Nach Anerkennung heischende Träumer sind davon überzeugt, anders zu sein als alle anderen. Sie sind sensibel und kreativ, aber von der tiefen Sehnsucht geprägt, dass ihnen mehr Anerkennung zusteht, als sie erhalten.

Da die Gegenwart meist in keiner Weise ihren Idealvorstellungen entspricht, sehnen sie sich im Großen und Ganzen nach Vergangenem zurück oder träumen von einer besseren Zukunft.

Nach Anerkennung heischende Träumer halten sich für etwas Besonderes. Im ständigen Vergleich mit anderen registrieren sie voller Neid, wo diese schöner, origineller, interessanter, berühmter oder erfolgreicher sind.
Ihre Besonderheit versuchen nach Anerkennung heischende Träumer, durch künstlerische Betätigung oder betonte Extravaganz in Kleidung und Auftreten auszudrücken.
Ihr Versuch, originell und authentisch zu sein, lässt sie allerdings manchmal kläglich oder ziemlich gekünstelt wirken. Ihre größte Sehnsucht ist es, von anderen in ihrer Sensibilität und Einmaligkeit verstanden, anerkannt und gewürdigt zu werden. Fehlt dieses Verstehen, fühlen sie sich einsam und verloren.
Nach Anerkennung heischende Träumer fallen gern exzessiv in tiefe Melancholie, in der sie sich auch noch gefallen. Es sind oftmals Romantiker, sogenannte Künstler oder Individualisten, welche sich - statt sich mit der realen Außenwelt auseinanderzusetzen - in ihre schönere Innenwelt zurückziehen um mit den eigenen Stimmungen spielen.

6.5 *Subjektive und Intelligente-Innovative [SI]*

Sie nehmen das Leben durch die Augen auf aber man kann keineswegs sicher sein, was sie dann damit machen. Manchmal machen sie gar nichts aus ihrem Leben - außer noch mehr Informationen zu sammeln. Deshalb nennen wir sie auch **Hab-Süchtige**:
Sie sammeln Informationen um des Sammelns willen.

Manche blieben Spinner und spinnen ihre Hirngespinste, viele gelten als große Denker und Philosophen.

Subjektiv-Selbstsüchtige sorgen nur für sich (und ihresgleichen) während **Intelligente-Innovative** um der Forschung willen forschen.
Erfolge spornen sie zu immer neuen Erfolgen an.

Innovative Entwickler strahlen, wenn sie bei ihrer Forschung Erfolg haben,
und deren Geldgeber, wenn sie daraus ihren finanziellen Mehrwert ziehen.

Oftmals bleiben die innovativen Produkthersteller arm, während deren Verleger am Handel und Verkauf reich werden.

6.6 Mächtige-Manager und Collectiv-Conforme [MC]

Mächtige-Manager und toxisch **Machthungrige** bestimmen was zu tun ist und Co-Abhängige **Collectiv-Conforme** wollen gefallen.

Diese Co-Abhängigen Loyalen tun gemeinhin ihre **Pflicht**. Sie gehen in der **Gemeinschaft** auf, engagieren sich für andere. Sie sind die arbeitenden Massen. Stille Diener, welche (trotz innerer Kündigung und falscher Loyalität) in der Co-Abhängigkeit zu ihrer Gruppe oder Mächtigen bleiben. Sie haben keinen Ehrgeiz, und es reicht ihnen, Handlanger zu sein.
Da sie sehr wenig Selbstvertrauen haben, suchen sie den Schutz der Gruppe oder einer Autorität, die Sicherheit gibt.

Aber sie sind ständig von Ängsten geplagt. Diese Angst lässt sie auf verschiedene Weisen reagieren:
Sie sind

- (anscheinend) loyale Schleimer, welche sich wenig Eigenes zutrauen oder
- wütende Skeptiker, die ihre Angst durch aufgesetzte Stärke überspielen.

Domina und Sklave, *'Lover-Boy'* und *'Schlampe',* Macho und Magd.
Eine oftmals unheilvolle Kombination von Herrschenden und Gefälligen, welche oftmals durch ihre Gefälligkeit die Macht der (in ihrer Gruppe) Herrschenden (unbewusst) fördern und stützen.

6.7 *Intuitive Optimisten planen ihr Leben [IO]*

Intuitive Optimisten sind glückliche Menschen.

Optimistisch sehen sie die positiven Seiten des Lebens. Sie versuchen ihr Leben so zu planen, dass jeder Tag möglichst viel Spaß, Abwechslung und **Genuss** bereit hält.

Sie neigen dabei allerdings zur Übertreibung. Nie können sie genug von dem haben, was Spaß macht:
Essen, trinken, arbeiten, kaufen, fernsehen, feiern. Denn sie betrachten das Leben mit Kinderaugen.
In gewisser Weise werden sie nie erwachsen.
Viele intuitive Optimisten fürchten die Dunkelheit.
Sie meiden die dunklen Seiten des Lebens.
Sie lieben nur das, was leicht und farbenfroh ist.

Intuitive Optimisten sagen von sich:
"Ich bin ein glücklicher und fröhlicher Mensch!"
Sobald man anfängt, über ernste Dinge anzusprechen, ändern sie sofort das Gesprächsthema. Und unter Schmerzen lachen sie noch durch ihre Tränen hindurch.

Aber sie erkennen dabei keinesfalls, dass sie Angst haben. Sie flüchten vor der dunklen und schmerzlichen Seite der Wirklichkeit.

6.8 Mächtige mit schlimmer Selbstsucht [MS]

Toxisch **Machthungrige** und
Selbstverliebte
sind berechnend und gefühlskalt.

Toxische kennen weder Lob, Aufmerksamkeit noch Fairness. Selbst freundliches Lächeln und angenehme Umgangsformen haben möglicherweise keine Bedeutung.
Derartiges Führungspersonal ist destruktiv :
Ihm fehlt das emotionale Einfühlungsvermögen.

Diese Gefühlskälte erinnert an das **Asperger-Syndrom,** eine Form von **Autismus** :
Das **Asperger-Syndrom** ist zum größten Teil eine *'unsichtbare Behinderung'*.

Trotz guter sprachliche Fähigkeiten bleibt der Umgang mit anderen Menschen, der Aufbau und das Halten von Beziehungen schwierig. Es mangelt an der sozialen Kommunikation, der Interaktion und beim Einfühlungsvermögen.
Oft verarbeiten sie Sinnesreize anders und neigen dazu, Dinge wörtlich zu nehmen. Hinzu kommen intensive Spezialisierung der Interessen und eine Abneigung gegenüber Veränderungen.

Mächtige-Manager mit **schlimmer Selbstsucht** sind aber auch stark in der eigenen inneren Kraft verwurzelt und können ebenfalls ein gutes Gespür für Gerechtigkeit und Wahrheit zeigen. Sie verabscheuen Weichlichkeit und Feigheit und suchen ebenbürtige Gegner.

Respektiert wird nur, wer sich zur Wehr setzt.
Machtkämpfe entarten gnadenlos.
Dabei ist jedes Mittel recht, um den andern zu zeigen, wer der Boss ist.

Diese geborenen Anführer sind häufig auf den ersten Blick zu erkennen, denn sie machen ihren Einfluss überall geltend und sich selbst übertrieben bemerkbar.
Sie kommen dröhnend ins Zimmer, sind generell unüberhörbar. Ihr Selbstbild ist:
"Ich weiß, ich bin schlimm! Und: Mir gefällt es schlimm zu sein!"
Annäherungsversuche bestehen darin, dass sie Streit anfangen. Und diese Schreihälse fragen sich dann:
"Warum kann mich keiner leiden?"

Am liebsten würde man sich den toxischen und diesen cholerischen Energiebündeln sofort entziehen.
Die Freuden des Lebens kann dieser Managertyp selbstverliebt in vollen Zügen genießen. Er liebt Extreme, harte Sportarten, körperliche Herausforderungen, gutes Essen, Geld, Sex.

Mächtige-Manager mit **schlimmer Selbstsucht** müssen lernen, weichere Seiten zu entwickeln und Gefühle wie Zärtlichkeit oder Verwundbarkeit zuzulassen.
Wenn sie sich auf Beziehungen wirklich einlassen und Zuneigung zu andern zu entdecken, können sie sich öffnen und erstaunlich liebevoll und fürsorglich sein.

6.9 Friedliebende Collectiv-Conforme [AIC]

Antriebsarme sind oftmals extrem träge und mit sich und der Welt zufrieden.
Sie beschränken sich oftmals auf **Essen, Trinken, Fernsehen, Lesen** oder **Schlafen**. Darüber hinaus wird das Leben schnell zu anstrengend. Dazu zählen auch einige sogenannte Spinner und wahre Lebenskünstler.

Antriebslose Collectiv-Conforme richten ihre Aufmerksamkeit auf die Interessen Anderer und machen sich diese halbwegs zu eigen.
Sie sind ruhig und ausgeglichen und können andere und Andersartiges ohne Vorurteile akzeptieren. Vor allem kommt es ihnen darauf an, mit allen in Harmonie und Frieden zu leben. Mitmenschen fühlen sich deshalb anfangs angenommen und verstanden.

Dies ändert sich, wenn Antriebslose sich durch Nebensächlichkeiten ablenken, Zusagen vermeiden und unvermeidbare Zusagen nachträglich in Frage stellen und anstehende Aufgaben immer wieder vor sich herschieben.

Antriebslose sind suchtgefährdet. In der Regel sind es eher kleinere Abhängigkeiten wie Nikotin oder Koffein. Aber sie brauchen immer irgendeine Stimulanz.

Viele fahren gern Motorrad oder Lastwagen. Es ist, als hätten sie keinen Motor in sich selbst und müssten sich deshalb einen Motor unter den Hintern klemmen. Dabei ist es unwichtig, wohin die Fahrt eigentlich geht.

Sie weichen hier und da vom Weg ab, machen Umwege und Kurven, bleiben stehen, kehren um. . . und sie sind sich nie sicher, dass sie da hin wollen oder ob sie überhaupt irgendwo hin wollen.

Antriebslosen fällt es schwer ein klares Ziel zu finden und zu verfolgen. Sie sind überall und nirgends.

Sie machen Elefanten zu Mücken:
Selbst wirklich große Sachen können sie ganz klein machen. Nichts ist wirklich wichtig.
Und selbst wenn objektiv ein Problem vorliegt, weigern sie sich, es zu sehen. Und falls sie doch einmal eine Entscheidung treffen, oder beschließen passiven Widerstand zu leisten, so beharren sie stur darauf.
Was wiederum ihre Mitmenschen auf die Palme treibt.

6.10 Anerkennende und Originelle [AO]

Offenherzige Originelle sorgen sich nicht.
Anerkennende-Ammen sorgen auch für die Schwachen.

Erfolgreichen Chefs alten Schlages sorgen für ihre Mitarbeiter.
Sie anerkennen die erbrachte Leistung und sie kümmern sich auch um das Wohlergehen ihrer Mitarbeiter.
Und dies auch in harten Zeiten.

Liebende füttern sich oft gegenseitig. Sie erfreuen sich dann wechselnd in der Rolle der anerkennenden Amme und die des Offenherzig-Originellen Kleinkinds.

6.11 Überwiegend Conforme Wutbürger [MSC]

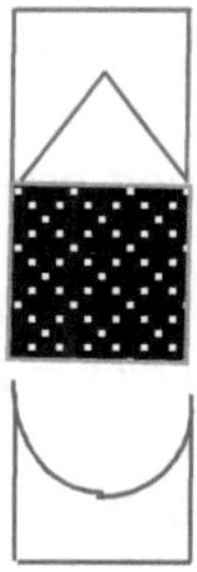

Überwiegend Collectiv-Conforme sind ausgeprägte Musterkinder.

Irgendwann in ihrer Kindheit haben **Collectiv-Conforme** durch **Mächtige-Manager** die Überzeugung gewonnen, dass
nur Vollkommenes liebenswert ist.

Dies haben diese äußerlich **Collectiv-Conformen** gelernt.
Aber im Grunde meinen diese getarnten **Subjektiv-Selbstsüchtigen** , man müsse das Recht, geliebt zu werden durch braves Befolgen verdienen.

Diese Perfektionisten haben den Gruppenzwang, die Forderungen der Mächtigen, der medialen Mainstreams und der Mode verinnerlicht.

Viele Frauen wollen auch, nur um dem (angeblichen) Mainstream zu gefallen, schlank sein. Sie hungern und-oder treiben Sport um wie ein Mannequin Größe 34 tragen können und um der momentanen allgemeinen Mode **subjektiv selbstbezogen** zu entsprechen.[22]

---

[22] Das Schönheitsideal ändert sich: **Elizabeth Taylor** und die 90-60-90 der **Marilyn Monroe** würden heute in die Kleidergröße 40/42 passen. Seit 2010 werden weibliche Rundungen als Schönheitsideal immer mehr "in". **Mila Kunis**, **Rihanna** und sogar die ehemals spindeldürre **Kate Moss** haben eine gesunde weibliche Figur, abseits von Magerwahn und Essstörungen. http://www.jolie.de/beauty/schoenheitsideal

Es ist für diese **Collectiv-Conforme** schwer sich vorzustellen, dass der derzeitigen Mode und dem medialen Mainstream Widersprechendes auch Liebe und Anerkennung verdient.[23]

Unvollkommenes verstimmt und verärgert:
Sie reagieren ohne viel nachzudenken, deprimiert oder aggressiv.

Wenn die Anerkennung ihrer Meinung, der bisherigen Leistungen, das intelligente Abwägen und das liebenswerte Originelle fehlt, dann entstehen zornige blindwütende Versuche, die Welt zu verbessern.
Auf den ersten Blick wirkt dieser Eifer wie eine Tugend.

Die Radikalisierung kommt oft überraschend:
Mehr als die Hälfte der Verdächtigen in Verfahren wegen politisch motivierter Straftaten mit Corona-Bezug waren der Polizei zuvor unbekannt. [24]

Diese ehemalig conformen Wutbürger sind angeblich im Besitz der Wahrheit. Dabei folgt der vorgetragene fanatische Idealismus keineswegs nur hehren Idealen :
Er entspricht nur dem medialen Mainstream oder der Meinung der Gruppe der man auch angehören möchte.
Daraus resultieren rasche Urteile und Vorurteile.
Das zu entdecken, ist sehr demütigend und macht (erst recht so richtig) wütend !

---

[23] Vergleiche hierzu auch: https://www.swr.de/swraktuell/baden-wuerttemberg/tuebingen/erwiderung-schlauch-parteiausschlussverfahren-palmer-100.html

[24] https://journalistenwatch.com/2022/02/23/bka-viele-corona/

6.12 Anerkennende innovative Originale [AIO]

Anerkennende innovative Originale besitzen so viel Selbstwertgefühl, dass sie neben ihrer eigenen innovativen und origineller Leistung auch die Leistung Anderer anerkennen können.

Diese Persönlichkeiten sind oftmals Wissenschaftler oder Künstler.
Dabei ist es möglicherweise dem Bildhauer egal, ob seine Skulpturen irritieren oder er will gar mit seinen Darstellungen aufrütteln :
"Der Bildhauer, der diese Denkmäler macht, ist ein Künstler der Groteske, der Satire und sanft-böswilligen Übertreibung." [25]

Anerkennende innovative Originale überlassen die daraus entstehende collective Anerkennung, den subjektiven (materiellen) Erfolg und die daraus entstehende Macht meist Anderen:
Ihre Verleger und Manager verdienen an ihnen oftmals mehr als sie selbst.

[25] Vergleiche hierzu auch: http://www.peter-lenk.de/

7 Die vier Aspekte einer Äußerung

Bei jeder Äußerung erhalte ich, außer der bloßen Nachricht, meist vier Botschaften !

Das Wort Äußerung wurde in diesem Zusammenhang gezielt gewählt :
Alles was ich von Außen erkennen kann, alles was ich **sehe**, **lese**, **höre**, **fühle**, **rieche** oder (unbewusst) **wahrnehme** ist eine **Äußerung.**
Wenn mir jemand aus dem Weg geht, oder mit offenen Armen auf mich zu geht, wenn jemand (unbewusst) mit seinem Körper signalisiert, dass etwas erwünscht oder unangenehm ist. Asynchrones Widerspruchs-Verhalten oder synchroner Gleichklang :
Jemanden nicht Riechen können oder zum Fressen gern haben, sind nach meiner Auffassung Äußerungen.

Dabei kommt sehr darauf an, ob es so gemeint ist wie es von mir aufgefasst wird:
„Verstehe ich es richtig, dass ...?"
Ist eine der wichtigsten Rückversicherungsfragen, die Missverständnisse und peinliche Situationen vermeidet, welche das Selbstwertgefühl tangiert und frau / man an die *„Decke"* gehen lässt!
Viele schlechten Gefühle und viele Streitigkeiten könnten auf diese Weise vermieden werden.

7.1 Die vier Aspekte und das COSIMA-*Modell*

Bei jeder Äußerung erhalte ich außer der bloßen Nachricht meist folgende vier Botschaften:

CO Die persönliche Selbstoffenbarung, die collective oder originelle Interpretation:

"So etwas tut frau / man nicht !"
"Ich fühle mich ..."

SI Das subjektive oder intellektuelle Verständnis der Sache und der Information:

"Ich glaube ..."
"Ich sehe/erkenne, dass ..."

MA Einen mahnenden Appell oder eine anerkennende Aufforderung:

"Lassen Sie das ...!"
"Richtig so !"

<>

Und über unsere Beziehung zueinander:

"Was hält sie/er von mir ?"
"Ich halte sie/ihn für ..."

ok	ok	positiv
ok		\
	ok	/
		negativ

Ist die Beziehung

- ✔ entspannt, gleichberechtigt auf Augenhöhe, partnerschaftlich und beidseitig **positiv** ?
- \ Ist sie hierarchisch herabschauend oder
- / lediglich aufschauend : „**Du** bist 'ok' ?"
- x Oder ist sie beidseitig **negativ** und gespannt ohne jedwede positive Wertschätzung ?

7.2 Wie wirkt eine Person auf andere?

Am Beispiel des Alten Herrn einer Firma wird deutlich, wie er noch nach seinem Tod, auf seine Enkelin Cosima und auf seinen Schwiegersohn Felix wirkt. An ihrem 27. Geburtstag erfuhr Cosima, dass sie gleichermaßen über Betriebsvermögen verfügt, wie ihr Vater, Felix.

Wie wirkt der Alte Herr auf seinen Schwiegersohn?

erziehend, mächtig **M**

subjektiv für Cosima **S**

listige Aufteilung,
(erzwungene) Cooperation **C**

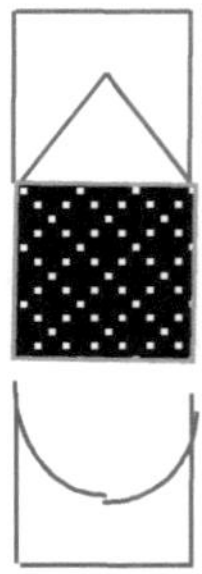

Es entstehen 3 Hohlkörper.
Neben dem Hohlkörpern stehen die Buchstaben **MSC**.

Wie wirkt der Alte Herr auf seine Enkelin?

Versorgend, anerkennend **A**

intellektuell, intuitiv, impulsbewusst **I**

offensichtliche Freude an Überraschungen **O**

Wir sehen eine 'dreiteilige Wiege'.

Ich habe sie mit den Kennbuchstaben **AIO** gekennzeichnet.

Wie wirkt der Alte Herr als gesamte Persönlichkeit?

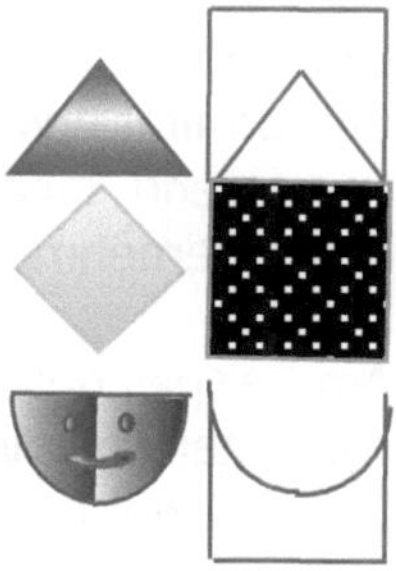

Die 'dreiteilige Wiege' **AIO** passt genau in die drei 'Hohlkörper' **MSC**.

In der Gesamtschau ergibt sich

AIO + **MSC**

=

MASIOC bzw. **COSIMA**

d.h. eine 'vollkommene Persönlichkeit'.

Was hält der Alte Herr von seinem Schwiegersohn und seiner Enkelin ?

<> Der Alte Herr spielt seine Machtposition gegenüber seinem Schwiegersohn aus, handelt Subjektiv-Selbstsüchtig zugunsten von sich und seiner Enkelin und erzwingt durch die listige Aufteilung seines Vermögens die Cooperation.

<> Impulsbewusst mit offensichtlicher Freude an Überraschungen versorgt der Alte Herr seine Enkelin: Erst an ihrem 27. Geburtstag erfährt Cosima, dass sie über nahezu genauso viel Betriebsvermögen verfügt, wie ihr Vater, Felix.

<> Das Verhalten des Alten Herrn ist zweischneidig: einesteils Macht ausübend scheinbar selbstsüchtig und Conformität erwartend, andererseits vorsorglich versorgend, innovativ und originell für den Fortbestand des Unternehmens sorgend.

Am Beispiel des Alten Herrn einer Firma wird deutlich, wie unterschiedlich Personen interagieren können. Beispielsweise fürsorglich für die Enkelin und bestimmend auf seinen Schwiegersohn. Erst später und in der Gesamtschau wird deutlich, was er bewirken wollte.

7.3 Eigen-TOR- und Verlierer-Rollen [MSC]

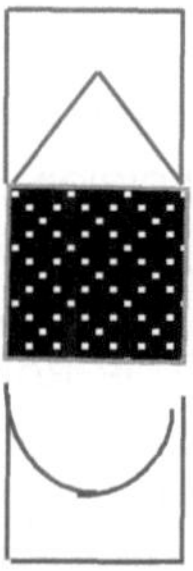

Verlierer sind oftmals griesgrämig, sie nörgeln, manipulieren, kontrollieren und beherrschen andere über Gebühr [M].

Verlierer sind meist subjektiv-selbstbezogen, sie unterschätzen sich und lassen sich hängen, oder überschätzen und überfordern sich, prahlen (offen), schimpfen sehen und finden überall Probleme und haben an Allem etwas aussetzen [S]. Verlierer haben immer eine Ausrede.

Verlierer beschäftigen sich mit dem Problem. Sie verharren in der Vergangenheit und werden so selbst zum Problem. Sie jammern:
"Warum ist das mir passiert?"

Verlierer verhalten sich Collectiv-Conform, orientieren und messen sich an Anderen, beten fremde Meinungen nach, laufen mit der Masse und suchen Zuwendung zur Unzeit und auf Umwegen [C].

Meine ehemalige Abteilungsleiterin spielte kraft Amtes *'mächtiges Management'* [M]. Sie war Kritik und strenge Aufsicht in einem. Auf mich wirkte dies (ab)wertend und (de)moralisierend.

Ihre *'subjektive Selbstsucht'* [S] diente nur ihrer persönlichen Egozentrik. Ihre Selbsterhöhung und damit Abwertung aller, die ihr, nach ihrer Meinung gefährlich werden könnten, war ihr Gewinn.

Sie war *'collectiv-conform'* [**C**]. Sie sammelte gleichgesinnte, cooperative Mitarbeiter/innen mit aller List und Leidenschaft deren sie fähig war, zwecks Stimmungsaufbau für sich.

Verlierer gehen auf törichte Machtspielchen ein und spielen Eigen-TOR-Rollen:
Sie spielen nacheinander *'Täter', 'Opfer'* und *'Retter'.*
Immer und immer wieder übernehmen sie diese Eigen-TOR-Rollen.
Mit anderen Worten, eine ***Triangulation*** [∴], das sich ständig wiederholende Spiel im ***Retter-Verfolger-Opfer-Dreieck.***
Die Opfer sind die, die solche Spiele mitspielen!

'Täter', sind auch Hai, Verfolger, Jäger oder Rächer genannte Subjektiv-Selbstsüchtige. [**S**]

'Opfer', auch Karpfen, Verfolgte, Gejagte oder Betroffene, sind allgemein Collectiv-Conforme. [**C**]

'Retter', die sich gern als besondere Helden hervortun sind oftmals gut getarnte Mächtige-Manager. [**M**]

Eine ehemalige Abteilungsleiterin beispielsweise, verfügte in der Tat, dass sämtliche Regale in den Verkaufsräumen über und über mit Waren bestückt werden. Sie verfolgte das Ziel, dass die Kunden alle Waren auf einmal sähen.

Die Regale wurden dadurch überlastet, einige Aufhängungen brachen und die Kristallwaren gerieten ins Rutschen. Einige Kristallvasen fielen nacheinander herunter und zerbrachen. Sie *'armes betroffenes Opfer'* stand daneben und lamentierte.

Schuld daran waren – nach Ihrer Meinung – ein-eindeutig ihre Untergebenen, welche niemals in der Lage wären Verkaufsregale richtig zu bestücken.

Nur sie als erfahrene Abteilungsleiterin war die *'heldenhafte Retterin'* einer Kristallvase.
Dabei hätte es genügt, wenn sie mit der einen Hand das Regalbrett leicht angehoben und mit der anderen Hand die sich neigenden Kristallwaren vom Abstürzen bewahrt hätte. Wir hätten das Regalbrett rasch unterstützt, nichts wäre zerbrochen.

'Täter', ***'Opfer'*** und ***'Retter'***.
"Das alte Stück, man spielt's so fort
Und kriegt es nie zu Ende. Und kriegt es nie zu Ende." [26]

---

26 Zitat aus Joseph von Eichendorff, Berlin 1837: Dryander mit der Komödianten-Bande. Mich brennt's an meinen Reiseschuh'n,... Was wollen wir agieren nun, vor so viel klugen Leuten? (Liedtext)

7.4 Verlierer grübeln

Dass Dinge im Leben anders laufen als geplant – das kennt jeder. Aber jeder geht mit Pannen oder Rückschlägen anders um.
Mancher grübelt und ärgert sich den ganzen Tag.

Diese Einstellung wird im Kindesalter geprägt.
Die Menschen unterscheiden sich darin, wo sie die Ursachen für Misserfolge sehen und wem sie Verantwortung zuschreiben. Schon im Vorfeld sind diese Grübler(innen) unsicher, zaudern und können sich für keinen Weg entscheiden:
Soll ich oder soll ich nicht? Aber dann? Wenn ich das so mache...

Es ist durchaus richtig und wichtig meine Aktion und die absehbaren Reaktionen ein Mal durchzuspielen.
Und bei wichtigen Entscheidungen ist es richtig und wichtig die Meinung Anderer dazu zu hören, eine Plus-Minus-Liste zu machen und das Ganze erst am nächsten Tag zu entscheiden. Aber dann folgt eine konsequente Entscheidung, ohne hätte, wenn und aber.
Sollten sich bei der Durchsetzung neue Daten ergeben kann man sein Verhalten dem gemäß anpassen.

Sie verlieren durch das wiederholte Grübeln im Vorfeld zumindest Zeit, denn sie brauchen unverhältnismäßig lange, wenn sie überhaupt zu einer eigenen Entscheidung kommen.
Oft treffen Andere die Entscheidung.

Nachträglich werfen sich diese Verlierer vor:
Hätte ich bloß ganz anders oder doch selbst entschieden.

Oft ist der Anlass das Unglück eines lieben Mitmenschen: *"Hätte er sich festgehalten, wäre er nicht heruntergefallen und könnte oder würde noch leben."* Der **Konjunktiv II** mit hätte - wäre - könnte oder würde kennzeichnet eine stark zweifelhafte oder unwirkliche Aussage. Ständiges Hadern mit dem Schicksal verfestigt die Trauer und bringt Ihr Leben zum Stillstand. Nur ein kurzes ehrendes Gedenken ist sinnvoll. Und:
Meiden und stoppen Sie stetig wiederkehrende Gedankenketten.

Gerade die kleinen Versäumnisse im Alltag werden immer öfter aufgebauscht. So hat jeder seinen eigenen Blick auf Rückschläge und nicht erfüllte Wünsche. Manche glauben sogar, das Unglück sei eine Strafe für irgend etwas.

Die Gedanken kreisen und kreisen weiter um das Missgeschick und blockieren so einen eventuellen Neuanfang. Wer sich ständig bemühen muss, die Kontrolle über bestimmte Gefühle und Gedanken zu behalten, bei dem verschlimmern sich die Trauer und Resignation auf Dauer.
Diese Kontrollversuche verursachen:
"Rückzug, ständiges Grübeln, das Vermeiden angstbesetzter Situationen oder die Benutzung von Drogen und Alkchol".

Das alles schränkt die Lebensqualität ein.
Ist das, was ich mache, um diese Reaktion unter Kontrolle zu bekommen, wirklich hilfreich?
Will ich mich in meinem Grübeln verlieren? [27]

---

[27] Schluss mit dem ewigen Grübeln: http://www.fu-berlin.de/studium/docs/DOC/gruebeln.pdf

7.5 Das Unterbewusstsein spielt immer mit

Denken Sie jetzt bitte nicht an *"grün"*. -
Auch wenn Sie es keinesfalls zugeben wollen:
Ihnen fällt nun plötzlich auf, was alles in Ihrer Umgebung grün ist...

Ich habe Sie soeben manipuliert:
"Nicht" ist bildlich kaum darstellbar.
Das Unterbewusstsein arbeitet mit Bildern und lässt deshalb das *"Nicht"* einfach weg.

Und jetzt stellen Sie sich jetzt bitte vor, dass zukünftige Führungskräfte (Ausbilder, Abteilungsleiter, Chefs) folgenden Text erhalten:

Kritik-Gespräche

- *finden nicht vor Kollegen statt,*
- *erfolgen nicht zwischen Tür und Angel,*
- *sollten nicht unter Zeitdruck stattfinden,*
- *erfolgen nicht ohne das gemeinsame Suchen des Lösungsweges,*
- *erfolgen nicht so nebenbei und*
- *nicht gleichzeitig mit anderen Mitteilungen, ...*

Die Auswirkungen dieser Fortbildung sind verheerend.

Diese *"nicht"-Sätze* wurden durch die meisten (zukünftigen) Ausbilder, Abteilungsleiter und Chefs unreflektiert übernommen und durch deren Unterbewusstsein verkürzt wie folgt angewendet:

Kritik-Gespräche

- *finden vor Kollegen statt,*
- *erfolgen zwischen Tür und Angel,*
- *sollten unter Zeitdruck stattfinden,*
- *erfolgen ohne das gemeinsame Suchen des Lösungsweges,*
- *erfolgen so nebenbei und*
- *gleichzeitig mit anderen Mitteilungen, ...*

Wenn wir nachdenken, wissen wir alle,
dass Kritik-Gespräche

1. unter vier Augen
2. angekündigt und
3. in ruhiger Umgebung
4. mit der gemeinsamen Suche nach Lösungen
5. Problem-orientiert und auf die Sache konzentriert

erfolgen sollten.

Denken Sie bitte daran :
Verneinungen sind bildlich kaum darstellbar.
Das Unterbewusstsein arbeitet mit Bildern und lässt deshalb das *"Nicht"* einfach weg.

Mit Nicht-Sätzen spielt Ihnen Ihr Unterbewusstsein weiter diesen bösen Streich.

Sie möchten keinesfalls manipuliert werden?
Dann meiden Sie zukünftig negative Formulierungen.

7.6 Machen statt Grübeln

Wie so oft bringt erst Unzufriedenheit jemanden dazu etwas zu tun oder zu schreiben. Sie haben sich schon geärgert? So richtig grün und blau geärgert?
Irgend etwas Wichtiges ist Ihnen schief gegangen, so gründlich, dass Sie die Wände hoch gehen.
Alle Rettungsversuche führten nur dazu, dem Verlorenen gutes Geld hinterher zu werfen und dieses auch noch zu verlieren?

Recht haben und Recht bekommen sind zwei verschiedene Dinge. Oftmals ist ein Vertragspartner wortbrüchig und zieht aus Ihrem Nachteil seine Vorteile. Systembedingte Mängel spielten Ihnen einen bitteren Streich? Sie sind wütend, verbittert und könnten...

Lassen Sie die lästigen Fragen nach dem Warum.
Fragen Sie lieber: Wozu ist das gut ?

„Net chuda bjes dobra!" lautet ein russisches Sprichwort:
"Es gibt nichts Schlechtes ohne Gutes!"

Aber wo ist das Gute?
Gibt es einen Vorteil, auch für mich?
Es kann Zeit sein, die plötzlich zur Verfügung steht, Know-how, die Zuneigung eines Menschen, dem es weh tut Sie so niedergeschlagen zu sehen. Achten Sie einmal darauf! Und wie oft hat ein scheinbarer Fehlschlag am Schluss doch etwas für sich ?!

Machen statt Grübeln – diesen Vorsatz zu beherzigen, fällt oftmals und vielen besonders schwer.

Unterbinden Sie Gedankenketten
mit *hätte - wäre - könnte* oder *würde* !

Dadurch verursachte Verzögerungen und Versäumnisse sind auf Dauer meist weitreichender als eine Fehlentscheidung aus der man lernt.
Wie schafft man es, die Dinge anzunehmen, wenn alles ganz anders kommt?

1. Der erste Schritt ist: *Nehmen Sie den Rückschlag als traurige Tatsache an.*
2. Der nächste wichtige Schritt ist: *Welche positiven Seiten hat das Erlebte?*
3. Prüfen Sie: *Gibt es einen Teilerfolg?*
4. Entschärfen Sie schwierige Gedanken: *Was ist gerade so schwierig für mich?*
5. *Wie gehe ich damit um?*
6. *Ist das, was ich mache, wirklich hilfreich? Oder sollte ich akzeptieren und meine Energie und Zeit besser verwenden, mein Leben nach meinen persönlichen Wertvorstellungen zu führen?*
7. Veränderungen akzeptieren und Herausforderungen annehmen, und
8. das Beste daraus zu machen.

"Es wird an einem freundlich-akzeptierenden Umgang mit sich selbst in schwierigen Momenten gearbeitet, dem Selbstmitgefühl sowie an der Fähigkeit, schwierige Gedanken zu entschärfen, an der Fähigkeit, seine Aufmerksamkeit gezielt auf die Gegenwart zu lenken, sowie daran, persönliche Lebensziele zu entwickeln und sein Handeln daran zu orientieren. -

Man sollte aber etwas Sinnvolles tun statt darüber grübeln, was sinnvoll ist. - Hilfreich dabei ist, wenn man sich neuen Projekten zuwendet und sich Ziele setzt, die man erreichen kann." [28]

Dass Dinge im Leben anders laufen als geplant – das kennt jeder. Aber jeder geht mit seinen Pannen oder Rückschlägen anders um. Sich nach Schicksalsschlägen wieder aufrappeln und aus durchkreuzten Plänen das Beste machen, sind Fähigkeiten, die man lernen kann. Gerade nach schweren Schicksalsschlägen oder wenn ein Lebenstraum begraben werden muss, sollte man sich aber die Zeit nehmen, darum zu trauern.
"Das ist sehr wichtig – noch vor dem Punkt, das Positive zu überdenken."

Es gibt auch Verluste im Leben, die sich der eigenen Kontrolle entziehen und deren Verarbeitung Zeit braucht. Durchkreuzte Pläne gehören zum Alltag, und man muss lernen, das Unausweichliche zu akzeptieren.

Wichtig ist stets, sich bei Fehlschlägen keinesfalls völlig entmutigen zu lassen. Machen statt Grübeln!
Flexibel auf Widerstände reagieren zu können bedeutet, sich nach Verlusten neuen Dingen zuzuwenden.

---

[28] Dörte Foertsch in http://www.spiegel.de/gesundheit/psychologie/mit-rueckschlaegen-umgehen-raus-aus-der-gruebelfalle-a-1160108.html

7.7 Ist Hans im Glück ein Gewinner?

Die Unternehmerin Henriette wirkt 'anerkennend, annehmend' [**A**].
Sie würdigt die (freiwillig) erbrachten, erbetenen oder (notfalls) abverlangten Leistungen angemessen und auf ihre Weise.
Ihr 'intellektuelles Impulsbewusstsein' [**I**] weiß intuitiv, was den einzelnen Mitarbeiter/innen zugemutet werden kann.
Dabei zeigt sie ihre Gefühle 'offen und originell' [**O**].
Sie bekennt sich zu Lust, Leid, Liebe und Intimität!

So deutlich unterscheiden sich das Verhalten meiner alten Abteilungsleiterin von der erfolgreichen Henriette!

Gewinner anerkennen Gegebenheiten, sie kennen und akzeptieren mit vertretbarem Nutzen und Aufwand derzeitig Unabänderliches. Sie konzentrieren sich auf das in absehbarer Zeit Machbare, beschreiten so Schritt für Schritt (intuitiv) neue Wege und erleben innovative und originelle Problem-Lösungen.

Aber reicht das? Sind diese Gewinner-Typen am Ende die wahrhaften Gewinner?
Ist Hans im Glück ein Gewinner?
Er war fleißig und relativ wohlhabend. Am Schluss aber war er zwar glücklich, aber ein armer Scherenschleifer.

7.8 Die wahrhaften Gewinner

Gewinner setzen sich erreichbare Ziele, treten frisch auf, sehen und anerkennen Gutes, lassen andere Meinungen gelten, vertrauen, führen und betreuen in Ruhe [**A**].

Wahrhafte Gewinner nutzen auch ihre Macht als Manager freundlich zuversichtlich mit Rücksicht auf ihre bei ihnen arbeitenden Arbeiter und Angestellten, die Umwelt und Zukunft [**M**].

Gewinner spüren intuitiv innovative Kräfte, beurteilen eigene Möglichkeiten nüchtern, ergreifen geplant die Initiative, vergleichen ihre Leistungen mit ihren Zielen, gestehen (offen) ihre Fehler und lernen aus ihren Fehlern [**I**].

Wahrhafte Gewinner nutzen die Vergangenheit innovativ für die Gegenwart und die Zukunft. Wahre Gewinner sind auch angemessen subjektiv-selbstbezogen, identifizieren sich. Sie fordern und fördern, sind Teil des Erfolgs, ohne sich und anderen zu viel zuzumuten [**S**].

Gewinner vertreten ihre eigene Meinung ruhig. Sie folgen offen und originell ihrem eigenen Geschmack. Zuwendungen geben und holen sie direkt [**O**]. Wahre Gewinner leben in der Gegenwart. Sie fragen: *"Wozu ist das gut?"* Wahrhafte Gewinner verhalten sich auch gebührend Collectiv-Conform [**C**], gegenüber Mitarbeiter/innen, scharen bei Bedarf Cooperative und Gleichgesinnte um sich und geben '*dem Kaiser, was des Kaisers ist*'. [29]

[29] Mt 22:21 (LuB 63:26).

In der Gesamtschau ergibt sich **MASIOC** bzw. **COSIMA** d.h. eine *'vollkommene Persönlichkeit'.*

Vereinfachungen zeigen Fixpunkte, an denen man / frau sich leicht orientieren kann: Es kommt bei allen Dingen, so auch hier, auf das richtige Maß an !
Ein Ausschluss, oder das teilweise Fehlen, einer oder mehrerer Strukturebenen ist Kennzeichen einer unfertigen, unreifen Persönlichkeitsstruktur.

Wahrhafte Gewinner sehen in den Auf- und Abschwüngen der Wirtschaft die gewaltige Energie, die in diesen Wellenbewegungen steckt.
Wie die Delfine nutzen sie diese Ab- und Aufschwünge für innovative Sprünge.
Wahrhafte Gewinner haben eine natürliche Autorität, welche auf einer vollständigen *'reifen'* Persönlichkeit beruht.

8 Die lieben Kolleg(inn)en

"Freunde kann man sich aussuchen, Kollegen nicht." [30]

Wenn in einem Team unterschiedliche Altersgruppen, Erfahrungen, Wertvorstellungen und Ansichten aufeinandertreffen, so kann das

sich aufschaukeln :	ein großer Vorteil sein :
Emotionen kommen hoch, weil Gefühle massiv verletzt werden. Konflikte schwelen und können ganze Abteilungen lahm legen.	Die besten Ideen entstehen, wenn unterschiedliche Charakteren aufeinander treffen. Erfolgreiches Brainstorming motiviert.
Pervertierendes Brainstorming ist die Hölle auf Erden!	Alle sind zufrieden und freuen sich, der Himmel auf Erden!

Die Frage ist, wie kommt es zu solch unterschiedlichen Reaktionen?
Schauen wir uns zuerst die Beteiligten an :

[30] Volksweisheit

8.1 'Nette Hilfsbereite und Schleimer' [C]

Schleimer äußern möglichst keine eigene Meinung.
Auch wenn der Chef seine Meinung ändert:
Schleimer sind stets seiner Meinung.
Sie folgen dem Mainstream, hängen ihr Fähnchen nach dem Wind und lachen am lautesten auch über die allerschlechtesten Witze des Chefs.
Fragen Sie Schleimer nach seiner Meinung, bevor sich jemand anderes äußert, dann werden sie sich winden wie ein Aal.

Daneben fallen bei diesen schleimigen Mitarbeitern weitere Unzulänglichkeiten auf wie z.B. bei
Corinna Cortez.[31]
Kennzeichen:
Ihr diplomatisches *"sowohl-als-auch"*.

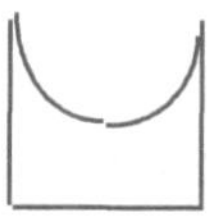

Auseinandersetzungen - mit oder unter Kolleg(inn)en - sind ihnen ein Graus.
Sie sind ausgesprochen nett und hilfsbereit und übernehmen zu ihrer eigentlichen Arbeit noch all die eiligen und unangenehmen Nebentätigkeiten, die niemand machen will.

Die Folgen:

- Die versprochenen Nebentätigkeiten sind stets eilig.
- Die versprochenen Nebentätigkeiten benötigen weit mehr Arbeitszeit als angenommen.
- Die eigentliche Arbeit wird ständig auf später verschoben.

---

[31] Namen anonymisiert. Bewusste Alliteration: Corinna Cortez handelt Collectiv-Conform.

- Die vorgegebenen Termine werden - wegen Arbeitsüberlastung - nur sehr selten eingehalten.
- Das nette *Collectiv-Conforme* harmoniesüchtige Verhalten führt dazu, dass es stets heißt: Wir sind nur wegen C nicht fertig geworden.
- Frau Corinna Cortez bekommt Kritik.

Schlimmstenfalls ist es dem Chef/der Chefin egal, wie sich das Team organisiert:
"Hauptsache die Arbeit wird erledigt, termingerecht!"

Frau Corinna Cortez wird zu einem Kritikgespräch eingeladen.
Die nette Hilfsbereite ist unglücklich und schmollt.
Vielleicht bricht sie auch in Tränen aus.
Lassen Sie sich ruhig erzählen für wen sie all die eiligen und unangenehmen Dinge erledigt, wer sich zu ihren Lasten profiliert.

Sind auch Sie zu sehr *Collectiv-Conform* ?
Sie müssen *"Nein"* sagen lernen, sich auf ihre eigentliche Arbeit konzentrieren.
Die Kollegen werden zwar in nächster Zeit überrascht reagieren, um es dann zu akzeptieren.

Gute Chefinnen/Chefs, Supervisors und Trainer(innen) bieten begleitende Beratungsgespräche und laden zum Abschluss zu einem Anerkennungsgespräch ein.

Gleichzeitig muss unauffällig dafür gesorgt werden, dass die Kollegen ihre Arbeit selbst erledigen. Wer arbeitet gern in einer Abteilung, die immer Ärger wegen der Termine hat? Deshalb sollte es im ureigensten Interesse sein, niemanden im Team zu überlasten.

8.2 'Die originelle Fehlbesetzung' [O]

Originelle betrachten ihre Arbeitsstätte als Spielwiese.
Bestandslisten werden geändert:
Im Archiv beginnt die Nummerierung plötzlich bei 0 statt bei eins. 1 bis 1000 findet man nun bei 0 bis 999 und bei 1000 bis 1999. Wenn Listen (mehrmals) geändert werden, sucht man Manches (oft Jahrzehnte lang) oder findet es nie mehr, weil es in keiner Bestandsliste mehr auftaucht. Namen und Bezeichnungen mit ä, ö, ü und ß findet man statt unter ae, oe, ue und ss, unter a, o, u und sz oder sie verschwanden einfach.[32]

So entschwand 'entartete Kunst' und manches andere Kunstwerk in den Tiefen der Museumsarchive, verschwand adeliges Tafelsilber und anderes aus preußischem Kulturbesitz in sichere Bunker, *'wanderte aus'* um dort wiederum in privaten Sammlungen und Museums-Archiven zu verschwinden.
Vieles glaubte man für immer verloren. Aber anhand der Wappen und der Gravuren lässt sich erkennen, dass es nur den Besitzer gewechselt hat.

Besonders ärgerlich wird es dann, wenn verschollen geglaubte wertvolle Bilder nach Jahrzehnten wohlbehalten aufgefunden und wegen mangelndem Fingerspitzengefühl der Finanzbehörde und der Justiz dem Ausland vermacht werden.[33]

---

32 Beispielsweise in Bestandslisten, die mit Schreibmaschinen und in Sprachen getippt wurden, welche ä, ö, ü, ß nicht kannten.

33 https://www.welt.de/kultur/kunst-und-architektur/article151087709/Der-Fall-Gurlitt-ein-deutsches-Trauerspiel.html Von rund 1500 Kunstwerken: "Eindeutig identifiziert als Raubgut sind gerade fünf."

Leidensdruck allein schafft keine Veränderungen:
Mit unerwarteten Schwierigkeiten kann diese Fehlbesetzung ebenso wenig umgehen, wie mit neuen Situationen, bei denen sensibel, flexibel und selbständig gehandelt werden muss.
Arbeits-Leistung und Arbeits-Qualität lassen Wünsche offen. Fehler werden nur ungern zugegeben.

Möglicherweise entstehen diese Fehler durch mangelnde Einweisung, Stress oder eine persönliche Krise.
Selbst der Intelligenteste macht dann unglaubliche Fehler. Oder aber es liegt tatsächlich eine Überforderung vor. Lässt sich eine einfachere Aufgabe finden?

Solange keine Lösung in Sicht ist, macht sich lähmende Angst breit. Die Rat- und Hilflosigkeit ist schlicht und einfach überwältigend.
Der Übergang zum Pessimisten ist fließend. Kennzeichen:
Er/sie warnt bei allem Neuen eindringlich vor möglichen Problemen.
Chronischer Pessimismus lähmt.

"Wie könnte man das Problem trotzdem lösen?"

Nur mit Zuversicht und Hoffnung auf eine Lösung oder zumindest einen Lösungsansatz, gibt es Aussicht auf Besserung.

Möglicherweise entsteht so eine positive Mitarbeit.

---

https://www.welt.de/kultur/article160329934/Gericht-erklaert-Gurlitts-Testament-fuer-gueltig.html "Kunstmuseum in Bern zum Alleinerbe erklärt"

8.3 'Blender und Schatten' [S]

Blender verbergen ihre geringfügige Leistung gerne durch hervorragende Präsentationen.
Bei der eigentlichen tagtäglich anfallenden Arbeit zeigen sie möglichst unauffällig Zurückhaltung.

In Großraumbüros ist ihr Arbeitsplatz oftmals derart mit Sichtschutz umgeben, dass ihr Spielen mit dem Computer oder gar Lego-Bausteinen statt dem Arbeiten fürs Unternehmen möglichst nicht auffällt.
Werden 'Blendende Schatten' angesprochen, schauen sie ständig auf die Uhr um zu vermitteln, wie lästig und unwichtig das Gespräch sei, denn es warte dringendst viel wichtige Arbeit auf sie.
Doch in Wirklichkeit arbeiten sie selten oder nie.

Wir kennen sie alle, die faulen und geltungssüchtigen Kolleginnen und Kollegen, die sich beim Verteilen der Aufgaben geschickt im Hintergrund halten und am liebsten unsichtbar wären. Kennzeichen:
Was sie morgens zu spät kommen, gehen sie abends pünktlicher. Selbst innerhalb des Hauses sind sie stundenlang unauffindbar.
Dabei *'sind'* sie stets sooo beschäftigt, dabei interessiert sie allenfalls noch ihre Freizeit.

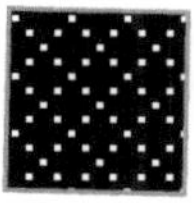

Diese Subjektiv-Selbstsüchtigen haben oftmals innerlich gekündigt und machen gerade noch Dienst nach Vorschrift. [34]

[34] B-Mitarbeiter machen Dienst nach Vorschrift - https://www.abc-personal-strategie.de/abc-verstehen/mitarbeiter-unterscheiden-abc-mitarbeiter/ Bedenken und Sorge : https://www.apriori.de/differenzierung-die-umstrittenste-methode-zur-mitarbeiterbeurteilung-zurecht/

Wurde ihre Arbeit gewürdigt?
Wurden ihre Ideen honoriert? Wurden in Aussicht gestellte Beförderungen eingehalten?

Dies alles sollte abgeklärt werden.
Geben Sie 'den Schatten' eine Chance mitzuarbeiten. -

Faulheit im Team ist unfair, es kann von niemanden verlangt werden mehr zu arbeiten, damit diese Drückeberger auf Dauer weiter schmarotzen.
Hinweise auf finanzielle Schädigung des Unternehmens und arbeitsrechtliche Sanktionen sind der Geschäftsleitung vorbehalten.

8.4 'Die Innovativen' [I]

Ein Wirbelwind mit ständig neuen Ideen, die sofort umgesetzt werden.
Archive werden neu geordnet, Bestell-Nummern, Buchungs-Konten und Kunden-Nummern geändert, Waren in neue Warengruppen eingeteilt...
Wer weiß heute noch, was 16Z31 bedeutet? [35]

Kennzeichen:

- Keiner weiß Bescheid außer ihm / ihr.
- Alle anderen Kollegen arbeiten noch an *'alten'* Aufgaben.

Das Chaos ist System, Hektik allerorten, spätestens, wenn der Wirbelwind ein paar Tage außer Haus ist.

In einem Gespräch - ein Anerkennungsgespräch - ist das stete Engagement zu würdigen.

Zu einem späteren Zeitpunkt ist ein weiteres Gespräch - ein Kritikgespräch - erforderlich:
Hier folgen Daten über die tatsächliche Leistung.
Produkte brauchen Kontinuität. Kunden wollen Verlässlichkeit. Kolleg(inn)en auch.
Auch der keineswegs reibungslose Ablauf in der Abteilung und die fehlende Kontinuität wird angesprochen.
Sollte diese Doppelstrategie Erfolg haben - folgt ein Anerkennungsgespräch.

---

[35] 16Z31 war eine Innovation für Speichersysteme mit beschränktem Speichervolumen, wie zum Beispiel Lochkarten. Die ersten zwei Stellen kennzeichneten das Jahr 1916 (bzw. 2016); die nächste Stelle den Monat, wobei X = Oktober, Y = November und Z = Dezember steht; falls nötig stand die vierte und fünfte Stelle für den Tag. 16Z31 war also der 31.12.16

8.5 '*Der cholerische alte Platzhirsch*' *[M]*

Manchmal ist es auch eine Sie.
Meist ist das kein offener Zicken-Krieg, sondern läuft subtil:
Mangelndes Selbstwertgefühl und fehlende Wertschätzung der eignen Fähigkeiten verführt viele Frauen dazu auch Mutigere auf ihr ängstlich bewahrtes Niveau wieder herabzuziehen.

Zuerst ist abzuklären:
Bestimmt hier jemand ungefragt?
Brüllt hier jemand herum? Treibt jemand seine Machtspielchen ohne dazu befugt zu sein?

Wenn ja, dann berichten Sie dies Ihrem Chef oder ihrer Chefin. Denn von dem wissen diese bestimmt nichts...

Fast immer sind es die erfahrenen etwas älteren Kollegen, wie z.B. **M**artin **M**achtblock.

Seine Kennzeichen:

Das kategorische

- *"kennen wir",*
- *"zu teuer",*
- *"alles Theorie",*
- *"in der Praxis undurchführbar",*
- *"wir bleiben bei der alten bewährten Methode"*.

Dass er damit neue Ideen pauschal und ungeprüft niedermacht und zukunftsweisende Innovationen verhindert, bemerkt er keinesfalls und die Abteilung und die Geschäftsleitung oft zu spät.

Folge:

- Wichtige Neuentwicklungen bleiben aus.
- Einzelne Teammitglieder gehen zu Mitbewerbern.
- Die Innovativsten machen sich selbstständig.
- Plötzlich sind andere Unternehmen technischer Marktführer
- Anschlussaufträge bleiben aus ...

Das dringend notwendige Kritikgespräch gestaltet sich sehr schwierig.
Während der überlauten Attacke sind Herr oder Frau 'Machtblock' kaum ansprechbar. Sie ernten allenfalls noch Beleidigungen wie *"Idiot"* und *"Niete".*
In einem ruhigen Moment verbitten Sie sich zukünftig derartige Beleidigungen. Beleidigungen wie *"Idiot"* und *"Niete"* müssen sie keineswegs hinnehmen, sie sind Abmahnung-würdig und Straftatbestand.

Sind auch Sie eine Graue Eminenz, ein heimlich Mächtiger?
Fürchten auch Sie Konkurrenz, dass man / frau Ihnen ihren angestammten Platz in der Abteilung streitig macht?

Möglicherweise haben Sie das Gefühl, dass man Ihre fachliche Kompetenz in Frage stellt.

Rangordnungskämpfe entstehen, weil man das eigene Selbstwertgefühl schützten möchte und deshalb aus Angst das Wissen der Jüngeren einfach abwertet.

Möchten Sie, dass vielversprechende Ideen verlorengehen?
Geben Sie Neuerungen eine ausreichend lange Probephase.

Gleichzeitig muss man dem *"Youngster"* erklären, dass es schade wäre, wenn die Erfahrung von Jahrzehnten verloren ginge. Wussten Sie, dass gerade bei Neuentwicklungen oder Weiterentwicklungen das Know-how der *"alten Herren"* entscheidet, ob das Produkt marktfähig wird?
Ohne Sie würden viele Maschinen nicht laufen. Das Wissen um das Machbare, wie man / frau Spitzenleistungen mit einfachsten Mitteln erreicht, sind Erfahrungswerte.

Jung und Alt und-oder
Frau und Mann,
als Team im Team,
wären ein unschlagbares Paar.

8.6 'Die Fürsorglichen' [A]

Langjährige Betriebsmitglieder, alte Meister ebenso wie Hausmeister oder die Dame auf der Poststelle, betrachten oftmals ihre Kollegen als Familie und bringen gefühlsmäßig weit mehr ein, als gemeinhin angenommen wird.
Die Fürsorglichen wirken ausgleichend und nehmen (neue) Kolleg(inn)en emotional und oft auch fachlich-fundiert unter ihre Fittiche.

Diese sonst unauffälligen meist langjährigen Betriebsmitglieder kennen *'ihren Betrieb'* und wissen oft weit mehr über die Vorgänge und Gefahren in den Abteilungen und im Gesamtbetrieb als gemeinhin angenommen wird.

Für eifersüchtig auf ihre Position achtende Höhergestellte, manchen Chef oder Eigentümer sind diese Fürsorglichen oft überraschend mutige Gesprächspartner:
Sonst äußerst ruhige und unauffällige Betriebsmitglieder können bei Bedarf überraschend emotional und äußerst vehement auftreten. Kritik von diesen fürsorglichen Mitarbeiter(inne)n sollte grundsätzlich Ergebnis-offen akzeptiert werden. Meist kennzeichnet er Mängel, die rasch behoben werden sollten. Durch Hinterfragen ergeben sich oftmals beachtenswerte, meist konstruktive, Verbesserungsvorschläge.

Betriebsobmann, Personalchef und Chef wären gut beraten, wenn sie sich öfter Zeit nähmen mit diesen alten Herrschaften zu plaudern.

9 Verhältnis der Menschen zur Gesellschaft

Zur Gesellschaft als Ganzes hat jeder eine andere, seine, Einstellung:
Da gibt es Patrioten, die das, derzeit herrschende, System schön reden und verteidigen, fanatische Reformer, die alles ändern wollen, die Unzufriedenen, die in Utopien (die unsichtbare innere Kündigung) fliehen oder dieses System (durch eine sichtbare äußere Kündigung) verlassen wollen.

Zur seiner Gesellschaft als Unternehmen, egal ob Kapitalgesellschaft auf Aktien, G(es)mbH, GbR (BGB-Gesellschaft) hat jede(r) ihre/seine persönliche Einstellung.

Aussagen wie "gute Gesellschaft" und
"So eine Gesellschaft!" sind uns allen bekannt.
In einem Buch über Marketing-Management werden sechs verschiedene Lebenseinstellungen eines Menschen zu seiner Gesellschaft von Arnold Mitchell (Stanford Research Institute, private Veröffentlichung) beschrieben.[36]

Vergleichen Sie diese Aussagen mit dem **COSIMA**-Modell:

---

[36] Kotler Philip: Marketing-Management erschienen bei Schäffer-Poeschel, Stuttgart 1999, Seite 301

9.1 Macher [M]

Diese Personengruppe erhält das gesellschaftliche System aufrecht und funktionsfähig. Die Macher bekleiden die Führungspositionen, sie sind die Aufsteiger.[37]

Sie sind vorwiegend in weltlichen Angelegenheiten engagiert, im Allgemeinen wohlhabend und auch ehrgeizig. Häufig handelt es sich um Angehörige der freien Berufe; aber auch in führenden Positionen der Medien und Wirtschaft sind Macher - entweder als **M**anager oder als Firmengründer.

M Das 'Mächtige'

beruht auf Tabu und Gebot, Riten, Ethik, 'herrschender **M**oral' und Erziehung.
Dazu gehören Feindbilder, Kontrolle, Kritik und
die Kultur. Wir lassen es zu, dass 'Mächtige-Manager' Meinung und Mode machen.

[37] Volker Pispers kritisiert Geldschöpfung - https://www.youtube.com/watch?v=nIP_AxzeVbM

9.2 Bewahrer [A]

Diese Menschen fühlen sich in der Gesellschaft, in der sie hineingeboren wurden, wohl und sind stolz auf ihre Traditionen.
In einer Welt des Wandels bilden sie ein Bollwerk der Stabilität.

A Das 'Anerkennende' (Dreieck)
zeigt Mitverantwortung und Versorgung:

Da Neuerungen das Erreichte und Bewährte gefährden könnten, beschützen Ammen den Istzustand.
Die Verteidigung der Bewahrer kann überraschend und äußerst vehement sein!

9.3 Nehmer [S]

Sie nehmen von der Gesellschaft, was sie bekommen können. In der Arbeitswelt engagieren sie sich kaum, sondern suchen ihr Vergnügen in der Freizeit.
Sie fühlen sich besonders wohl in bürokratischen Organisationen und gesicherten Lebensstellungen.

S Das 'Subjektive' (Sieb)

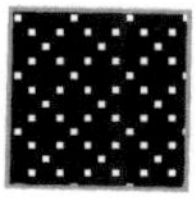

Nehmer sind ausschließlich auf die eigene Person bezogen.
Egozentrisch, nur für sich selbst,
ein 'Schwarzes Loch', selbstgefällig, süffisant und rücksichtslos selbstsüchtig,
aus der Sicht des eigenen Vorteils handelnd.

9.4 Suchende [I]

Diese Menschen streben nach dem besseren Verständnis, der tieferen Einsicht, dem größten Erfahrungsschatz, der universalen Perspektive.
Ihre Suche nach Antworten und Erkenntnisfortschritten ist meist ein eher introvertierter Vorgang. Neue Ideen nehmen häufig in dieser Gruppe ihren Ursprung.

I **Das 'Intellektuelle' (Rhombus)**

ist situationsbezogenes Interesse,
Impulsbewusstsein,
Intuition, intelligent, erforschend und interpretierend, Erkenntnis- und Denkvermögen.

Suchende haben Mut zum Abenteuer und zum Experiment.

9.5 Aussteiger [C]

Sie wollen am liebsten allen Zwängen entfliehen und alles hinter sich lassen. Ihre Flucht kann verschiedene Formen annehmen vom regelrechten Ausstieg aus dem Alltagsleben über die Abhängigkeit von einem Suchtmittel bis hin zu psychischen Erkrankungen, der Flucht in den Mystizismus oder sie radikalisieren sich.

C Das 'Collective'
bietet Leidenschaft - eine Eigenschaft, die Angst, Kummer und Leiden schafft.

Diese 'netten und braven Kinder' und conformen Claqueure radikalisieren sich, rebellieren und-oder brechen plötzlich aus. [38]
Pubertierende, ebenso wie Aussteiger und Wutbürger, wollen so ihnen lästig gewordenen Pflichten, der Disziplinierung und Anpassung, entfliehen.

[38] Vergleiche hierzu auch: https://journalistenwatch.com/2022/02/23/bka-viele-corona/

9.6 Veränderer [O]

Sie haben auf viele Fragen und Probleme eine Antwort parat und wollen die Verhältnisse in ihrem Sinne ändern. Sie sind die Kritiker, Protestler, Radikalen, Meckerer und Verfechter einer guten Sache - stellen aber auch einen bedeutenden Anteil der aktiv Engagierten.
Ihre Aktivitäten richten sich im Allgemeinen nach außen.

O Das 'Originelle' (Gesichtchen)
ist unsere mächtigste Strukturebene:
Lustbetont 'Kleinkind' sein, Liebe, Lust, Leid,
offenherzige Freude an Intimität, Lustgewinn!
Durch ihr offenes Verhalten ändern die
Veränderer ihr Umfeld.

10 Die Struktur einer Gesellschaft

Modelle sind Vereinfachungen um komplexe Zusammenhänge deutlich zu machen, wissenschaftliche Karikaturen, mit all ihren Stärken und Schwächen.

Es gibt Gesellschaften, die das *Collectiv-Conforme* in den Vordergrund stellen, das *Collectiv-Conforme* ist deren alles beherrschendes Prinzip. Muss nun ein neues Modell geschaffen werden? Keineswegs!

Ich stelle mein Modell einfach auf den Kopf, oder zeige mit der Größe die Bedeutung in der Gesellschaft:

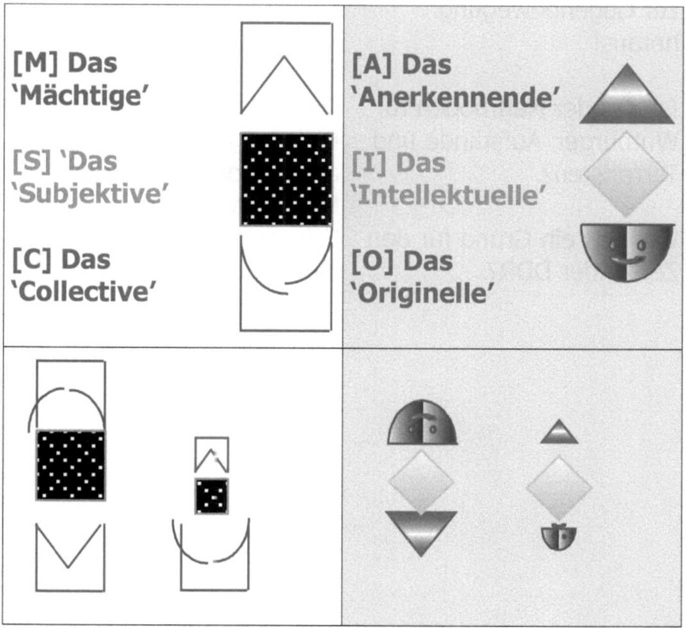

Links:	Rechts:
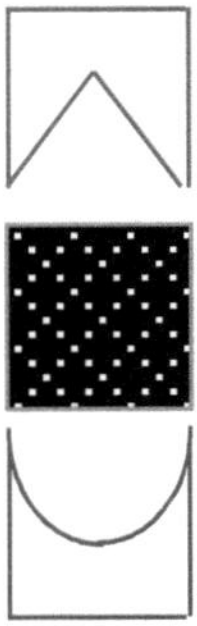	
Der Hohlkörper [**MSC**] mit seinen TOR- Machtspielchen 'Täter-Opfer-Retter' fordert zum revoltierenden Contra, zur Gegenbewegung heraus!	Die dreiteilige Wiege [**AIO**] enthält genau das, was dem Hohlkörper fehlt: Die Seele!
Ist das der Nährboden für Wutbürger, Aufstände und Terroristen? War das ein Grund für den Zerfall der DDR?	Du darfst leben, Dich mögen, anders (originell) sein, Dein Herz öffnen, Schwächen haben, Mensch sein!

10.1 Kommunismus und Sozialismus

Wacht auf, Verdammte dieser Erde, die stets man noch zum Hungern zwingt! [39]

Die landlosen Tagelöhner und die landarmen Bauern machten sich in Russland 1917 zunächst begeistert über das Land der Großgrundbesitzer her.
In Anlehnung an die Losung der französischen Revolution Freiheit, Gleichheit und Brüderlichkeit verlangten sie Freiheit und Gleichheit sowie Solidarität.
1949 war die Sowjetunion ein sozialistischer Staat und war erst dabei ein kommunistischer Staat zu werden. [40]

Beiden, Sozialismus und Kommunismus, ist natürlich gemeinsam, dass das Privateigentum an den Produktionsmitteln beseitigt ist.

Worin liegt also der Unterschied?

- Im Sozialismus arbeitet jeder nach seinen Fähigkeiten, Konsumgüter erhält er entsprechend der für die Gesellschaft geleisteten Arbeit.
- In der kommunistischen Gesellschaft arbeitet jeder nach seinen Fähigkeiten, Konsumgüter erhält er entsprechend seinen Bedürfnissen.

Arbeit ist jedoch erst dann einer Entlohnung-würdig, wenn konkurrenzfähige Konsumgüter in hinreichender Menge und Qualität erzeugt werden.

---

[39] Die Internationale: Der ursprüngliche französische Text hat sechs Strophen. Die bekannteste und bis heute verbreitete deutschsprachige Nachdichtung schuf Emil Luckhardt (1880–1914) im Jahr 1910. - Vergleiche hierzu auch: http://juso-hsg.uni-koeln.de/liedtext-der-internationalen/

[40] https://www.zeit.de/1949/14/sozialismus-und-kommunismus

Auch wenn es niemand zugeben wollte:
[S] 'Das 'Subjektive' war unausrottbar. Ein allgemein freier Zugang zu allen benötigten Konsumgütern war eine Utopie, die allenfalls für führende Parteifunktionäre Wirklichkeit wurde. [41]

Die Partei übte die **Macht [M]**, wie wir wissen, als Diktatur aus, und zwar als der Beauftragte des Proletariats **[C]**.

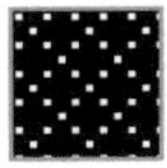

Ende der 1980er Jahre geschah etwas völlig Unerwartetes:
In Osteuropa verschwand der Kommunismus plötzlich. 1989 "fiel" die Berliner Mauer. [42]

Ohne Widerstand zu leisten gab die kommunistische Parteielite in fast allen Staaten des Warschauer Pakts die Macht, an sich spontan bildende demokratische Bewegungen, ab. [43]

Viele reden heute vom "Sozialismus", zeigen aber, wohl ohne sich dessen bewusst zu sein, in ihrem Verhalten auf, wie tief sie in ihrem Leben durch einen real existierenden Kommunismus geprägt wurden. [44] [45]

---

41 Beispiel hierfür in der DDR: Die Intershops

42 https://www.berlin-mauer.de/videos/schabowski-verkuendet-maueroeffnung-726/

43 http://deutschlands-wahrheit.blogspot.de/2013/12/die-luge-vom-ende-des-kommunismus.html?view=snapshot

44 http://www.zeit.de/1989/50/am-ende-des-kommunismus/komplettansicht

45 https://www.nzz.ch/international/ukraine-russland-konflikt-visuell-erklaert-ld.1667495?reduced=true Vergleiche hierzu auch: https://www.nzz.ch/international/russland-und-ukraine-das-wichtigste-zur-krise-ld.1613540

10.2 Religionskriege und andere Machtkämpfe

Sorge bereitet der Religionsbürgerkrieg im Kaukasus. An die Stelle der kommunistischen Bedrohung trat schnell ein fanatisch-moralisierender Terrorismus. [46]

Wladimir Bukowski weist darauf hin, dass es auch in anderen Teilen der Welt die Tendenz gibt, überstaatliche Gebilde zu errichten, die gegen den Willen der betroffenen Völker ausschließlich von den politischen Eliten vorangetrieben werden.

Hinzu kommt die 'Arabellion'. Als Arabische Rebellion wird die in Tunesien im Dezember 2010 beginnende Serie von Protesten, Aufständen und Revolutionen in der Arabischen Welt bezeichnet. [47]

Diese richten sich, beginnend in etlichen Staaten im Nahen Osten, auf der Arabischen Halbinsel und in Nordafrika in den Maghrebstaaten sowie Ägypten gegen die dort autoritär herrschenden Regime und die politischen und sozialen Strukturen dieser Länder. [48]

Am 17. Dezember 2010 begannen in Tunesien Proteste gegen die Regierung. Innerhalb weniger Wochen kam es zu landesweiten Massenunruhen, die in den nächsten Monaten auf Ägypten, Algerien, Bahrein, Dschibuti, Irak,

---

[46] http://deutschlands-wahrheit.blogspot.de/2013/12/die-luge-vom-ende-des-kommunismus.html?view=snapshot

[47] Die 'Arabellion', die 'Arabische Rebellion' auch bekannt als 'Arabischer Frühling', bezeichnet eine Serie von Aufständen, Protesten und Revolutionen in der arabischen Welt... https://neueswort.de/arabellion/

[48] Korotayev A., Zinkina J. Egyptian Revolution: A Demographic Structural Analysis. Entelequia. Revista Interdisciplinar 13 (2011): 139–169

Iran, Jemen, Jordanien, Kuwait, Libyen, Marokko, Mauretanien, Oman, Palästina, Saudi Arabien, Sudan, Syrien und anderen Staaten in Nordafrika sowie dem Nahen Osten übergriffen. [49]

Diese Massenproteste führten zur Absetzung des tunesischen Machthabers Zine el-Abidine Ben Ali, zum Rücktritt des ägyptischen Präsidenten Husni Mubarak und der Präsident Jemens, Ali Abdullah Salih, trat Ende 2011 nach über 30-jähriger Herrschaft zurück. In Libyen kam es zu einem Bürgerkrieg, bei dem Rebellen Staatschef Muammar al-Gaddafi stürzten. [50]

In Syrien und Irak herrscht Bürgerkrieg.
Auch beispielsweise in den südlich der Sahara gelegenen Staaten, im Kaukasus und den Westprovinzen in China lösten Unruhen präventive, zum Teil sehr drastische Macht erhaltende Maßnahmen aus.

Auslöser der Demonstrationen, Proteste und Aufstände sind Demütigungen durch Ordnungskräfte, Polizeiwillkür, aber auch hohe Lebensmittelpreise, schlechte Perspektiven und Arbeitsmöglichkeiten sowie die massive Korruption und Privatisierung von Staatsvermögen durch Clanstrukturen um die politischen Führungsriege.

Die Verantwortung für die soziale Ungerechtigkeit und desolate Wirtschaftslage trotz hoher Einnahmen, beispielsweise durch den Ölexport, sehen sie im

---

49 https://www.zeit.de/politik/ausland/2016-01/arabischer-fruehling-uebersicht/komplettansicht

50 Jan Roß: Der Weg ist frei. In: Zeit Online, 28. August 2011.

Missmanagement. Daraufhin versprochene grundlegende Reformen änderten an der Gesamtwirkung des jeweiligen politischen Systems jedoch meist sehr wenig.
Die regierungstreue iranische Zeitung *Dschawan* stellte konsterniert fest:
"Die Protestierenden kämen ... von der sozialen ... 'Peripherie' ... Die Republik habe sich diesen jungen Leuten durch 'Erniedrigung', 'Diskriminierung' und 'Klassenungleichheit' präsentiert – 'all dies unter dem Banner der Islamischen Revolution', und das habe blanken Hass erzeugt. Die Herrschenden haben ihren Teil des Gesellschaftsvertrages nicht eingehalten, der da lautet:
Wenn ihr die Islamische Republik nicht infrage stellt, dann kümmern wir uns um euch, und ihr bekommt euren Anteil." [51]

„Ein Großteil dessen, was wir Muslime heute als islamisch bezeichnen, ist lediglich Produkt einer politischen Manipulation. Es ist daher keine Übertreibung, zu behaupten, dass sich der Islam seit der Zeit kurz nach dem Tod Mohammeds in der Geiselhaft autoritärer Herrscher befindet – bis heute." [52]

"Machtmissbrauch, mangelnde Arbeitsmoral und Bildungsdefizite, haben sich über Jahrzehnte in die Gesellschaften eingefressen, genauso wie die abstrus aufgeblähten öffentlichen Dienste.

Wer als Bevölkerung gegen solche Missstände ankämpft, muss es mit einer Übermacht alter Seilschaften aus Politikern, Wirtschaftsclans, Generälen und

---

51 https://www.zeit.de/2018/03/iran-hassan-ruhani-praesident-proteste/komplettansicht

52 Mouhanad Khorchide: https://www.uni-muenster.de/ZIT/Aktuelles/2020/neuerscheinunggottesfalscheanwaelte.html

Staatsbediensteten aufnehme, die ihre Privilegien zäh verteidigen...
Doch statt in Schulen und Wohnungen , Kraftwerke und Kläranlagen, Betriebe und Arbeitsplätze zu fließen, versickerte der sagenhafte Ölreichtum spurlos in dunklen Kanälen und korrupten Phantomprojekten. 320 Milliarden Dollar Staatsgeld wurden allein im Irak ... seit 2003 veruntreut, während jeder Vierte in Armut lebt." [53]

Diese 'korrupte und amateurhafte Staatlichkeit' ermögliche eine 'obszön geringe Steuermoral, vor allem bei den Reichen'. Die Menschen in diesen Regionen klagen vielfach über andauerndes Elend verursacht durch Selbstbereicherung [S] der jeweils herrschenden Clanstrukturen, Inkompetenz und Plünderung der öffentlichen Ressourcen.
In welchem Umfang werden Auswanderer dieses tradierte Denken und erlebte Verhalten als Immigranten in ihren jeweiligen Gastländern weiter pflegen?

Hinzu kommen theologische Diskussionen und leider auch kriegerische Auseinandersetzungen in der muslimischen Welt. [54]

Selbst im christlichen Umfeld war man in Europa von 1618 bis 1648 bereit, angeblich für den 'richtigen Glauben' kämpfend, ganze Landschaften zu verheeren.

---

53 https://www.swp.de/politik/thema/martin-gehlen https://www.hz.de/panorama/auf-den-barrikaden_-42954888.html Martin Gehlen ist Nahost-Korrespondent verschiedener deutschsprachiger Medien. Er lebt inzwischen in Tunis/Tunesien.

54 https://www.zeit.de/2018/02/religionsfreiheit-kopftuch-islam-arbeitgeber-deutschland/komplettansicht

Der Dreißigjährige Krieg und die dadurch verursachten Hungersnöte und Seuchen hatten ganze Landstriche verwüstet.
In Teilen Süddeutschlands überlebte nur ein Drittel der Bevölkerung. Einige der vom Krieg betroffenen Gebiete brauchte mehr als ein Jahrhundert, um sich von den Folgen des Krieges zu erholen. [55]
Wüstungen entstanden, die nie wieder besiedelt wurden. Hunderte Dörfer wurden im Dreißigjährigen Krieg erst geplündert und dann völlig zerstört. [56]

Die Gewinner waren Frankreich, England, Schweden und die Niederlande. Sie konnten sich nach dem Dreißigjährigen Krieg zu Nationalstaaten mit einem aufblühenden Übersee-Handel entwickeln.
Die Friedensverträge gewährten zudem der Schweizerischen Eidgenossenschaft die Unabhängigkeit ihrer Gerichtsbarkeit.
Mit der Unabhängigkeit der Niederlande und dem Verlust der Ostseehäfen an Schweden wurden die deutschen Staaten weitgehend vom Übersee-Handel ausgeschlossen.

Das kollektive Kriegstrauma der deutschen Bevölkerung führte später zur Einsicht:
"Ein jeder (soll) nach seiner Fasson selig werden." [57]

---

55 Kollektives Kriegstrauma: Georg Schmidt: *Die Reiter der Apokalypse. Geschichte des Dreißigjährigen Krieges.* München 2018, S. 672 ff.

56 https://www.volksstimme.de/sachsen-anhalt/30-jaehriger-krieg-ein-dorf-bei-loedderitz-wird-ausgeloescht

57 Zitat einer Bemerkung Friedrichs des Großen (1712-1768) aus dem Jahr 1740, mit der er die Zulassung des katholischen Glaubens im protestantischen Preußen kommentierte: "Die Religionen Müsen alle Tolleriret werden und Mus der Fiscal nuhr das Auge darauf haben, das keine der anderen abtrug Tuhe, den hier mus ein jeder nach seiner Fasson Selich werden."

Bislang wird von vielen Gläubigen das Trennende hervorgehoben.
Dabei wird meist das Gemeinsame vergessen:

Erstaunlich ist,
dass 'koscheres Essen' prinzipiell zugleich 'halal' ist.
Beide Reinheitsgebote gehen zurück auf Moses. [58]

Wenn Geistliche mit ihrer runden Kopfbedeckung auftreten so wird es viele überraschen, wenn
der Imam *'Shalom aleichem'* oder
der Rabbi *'Salam aleikum'* wünschen. [59]
Dabei bedeute beides
'Friede sei mit Dir'.

Friede sei mit Euch [60]
...und Frieden auf Erden... [61]

---

[58] 5. Buch Mose 14,6-8 https://www.bibel-online.net/buch/luther_1912/5_mose/14/

[59] hebräisch und arabisch (in deutscher Schreibweise): 'Frieden sei mit Dir / Euch'

[60] Vergleiche hierzu: 'Den Frieden lasse ich euch, meinen Frieden gebe ich euch...' Johannes 14:27

[61] Lukas 2:14 https://bibeltext.com/luke/2-14.htm

10.3 Der Kapitalismus

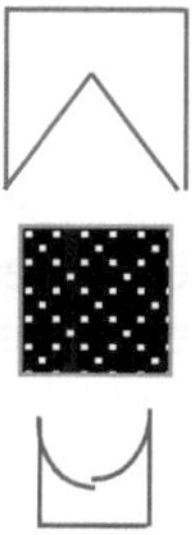

Der Kapitalismus brachte Wohlstand, Demokratie und eine höhere Lebenserwartung. Aber:
Der Kapitalismus heutiger Prägung braucht ständiges Wachstum. Die Ressourcen der Erde werden knapp.
Nun steckt das einstige Erfolgs-Modell Kapitalismus tief in der Krise.

Doch was genau ist das eigentlich, der Kapitalismus? Zinseszins und immer mehr (vom Gleichen). Immer schneller, immer weiter. Viele Menschen halten mit diesem Tempo keinesfalls mehr Schritt.

Das Wachstum stagniert, die Verschuldung der Staaten wächst. Gewinne werden privatisiert [S] , Schulden sozialisiert. Die Ungleichheit nimmt zu. Staaten verlieren die Regulierungsfähigkeit und die Gewerkschaften dramatisch an Macht.

Sie haben ein Jahrhundert lang den heißlaufenden kapitalistischen Motor immer wieder gezügelt, gebremst und gelenkt, und damit nach jeder Krise die Weiterexistenz des Kapitalismus gesichert. [62]
Für die Menschheit wichtige Forschungen werden vernachlässigt oder nicht mehr betrieben.[63]

---

62 http://www.deutschlandfunk.de/kapitalismus-alles-kommt-einmal-zum-ende.1184.de.html?dram:article_id=313737
https://vimeo.com/130351464

63 https://www.spiegel.de/gesundheit/diagnose/neue-antibiotika-pharmaindustrie-vernachlaessigt-forschung-a-1131480.html
https://www.focus.de/gesundheit/arzt-klinik/news/mehr-resistenzen-weniger-profit-die-antibiotika-forschung-steht-vor-dem-aus-weil-sie-sich-fuer-die-konzerne-nicht-mehr-lohnt_id_11136758.html

NAFTA, das nordamerikanische Freihandelsabkommen zwischen den USA, Kanada und Mexiko, war in jahrelangen Verhandlungen vereinbart worden.

Als Arbeitsplatzbeschaffungsmaßnahme hatte man es den US-Amerikanern verkauft, den Mexikanern hatte man vor allem versprochen, dass ihr Entwicklungsland sich zum Industrieland mausern werde und den Kanadiern höhere Produktivität. Plötzlich waren jedoch auch die Arbeitsplätze dem 'freien' Wettbewerb ausgesetzt.

Laut Loni Wallach verloren die USA rund 850.000 Arbeitsplätze, meist in der Automobilindustrie und bei den Automobil-Zulieferern. Während sich die Löhne im Durchschnitt auf dem Niveau von 1979 bewegen, ist die Einkommensungleichheit massiv gestiegen. Seit NAFTA ist das Einkommen der reichsten zehn Prozent der US-Amerikaner um 24 Prozent gewachsen und das der reichsten ein Prozent sogar um 58 Prozent.

"Nun, hier in den USA wissen wir bereits, dass die Gewinner die oberen 0,1% sind. Den nächsten 0,9% geht es ebenfalls recht gut. Doch wenn wir unter die oberen 10% blicken, dann gibt es fast keine "Gewinner" mehr... Aus irgendeinem wahnsinnigen Grund ist es vollkommen normal für die Ultra-Reichen geworden, alles für sich selbst zu behalten und der heutigen Unterschicht oder den zukünftigen Generationen so gut wie nichts übrigzulassen." [64]

Héctor Carlos Salazar vom Dachverband der mexikanischen Maisproduzenten sagt:

---

64 https://www.goldseiten.de/artikel/429437--Die-Fed-beluegt-uns---Im-Ernstfall-muss-man-Luegen.html?seite=4

„Wir haben 27 Millionen Hektar Anbaufläche, die USA dagegen 179 Millionen. An Subventionen bekommt ein mexikanischer Bauer 700 Dollar, einer in den USA 21 000 Dollar pro Jahr."

Die USA überfluteten den mexikanischen Markt mit hoch subventionierten landwirtschaftlichen Produkten und übten so vor allem auf die drei Millionen kleinen einheimischen Mais-Produzenten enormen Druck aus. Mexiko verlor laut Loni Wallach durch NAFTA rund 2.000.000 Arbeitsplätze allein in der Landwirtschaft.

In Kanada haben die ausländischen Direktinvestitionen massiv zugenommen, vor allem aber in Form von Übernahmen und Fusionen von Unternehmen.
Die Großkonzerne sind also noch größer geworden und deren Profite auch. Die Produktivität der kanadischen Wirtschaft insgesamt ist hingegen gesunken und das Land Kanada ist wieder zu einem Exporteur von Rohstoffen geworden.
Viel Werbung für ein Abkommen,
aber kein Aufschwung. [65] [66]
Freihandelsabkommen wie NAFTA, und die aktuell anvisierten zukünftigen Abkommen wie CETA, TTIP, TISA, TPP wären ein weiterer Schritt in Richtung einer globalisierten Konzernherrschaft. [67]

---

65 http://ej2015.engagement-global.de/veranstaltung/events/freihandel-wer-profitiert-und-wer-verliert-globale-freihandelsabkommen-und-ihre-auswirkungen-vor-ort.html https://vimeo.com/130351465 http://www.umweltinstitut.org/themen/verbraucherschutz-ttip/freihandelsabkommen/hintergrundinformationen/leben-unter-nafta.html

66 http://www.monde-diplomatique.de/pm/2013/11/08.mondeText1.artikel,a0003.idx,0

67 http://www.tagesspiegel.de/politik/wirtschaftsbeziehungen-20-jahre-nafta-das-netz-des-geldes/11082792-all.html

Das unternehmerische Durchschnittseinkommen in den USA wurde bereits 1995 mit dem 149fachen der Arbeiterbezahlung angegeben.[68]

Es ist völlig eindeutig, dass die Nettobezüge der amerikanischen Arbeiter / Angestellten in den letzten fünf Jahren erheblich gesunken sind,

- während sich die Einnahmen der höheren Manager und der selbständigen Unternehmen in unvorstellbare Höhen entwickelt haben.

Dieselbe Entwicklung im Vereinten Königreich:

- Arbeiter / Angestellte werden entlassen, während gleichzeitig
- Unternehmenschefs mit Rationalisierungen und Entlassungen ihre Betriebe gut im Markt halten und mit der Verdoppelung und Verdreifachung ihrer Einkünfte belohnt werden.

Diese gegenläufige Entwicklung, Schlechterstellung auf der einen, Besserstellung auf der anderen Seite, stößt in beiden Ländern zunehmend auf Erbitterung.

Die Mitglieder des World Economic Forum (WEF) in Davos planen nach ihren eigenen Aussagen seit 2020 einen sogenannten 'Great Reset'.

Offiziell wird damit eine "Wohlstandssteigerung" für möglichst viele Menschen angestrebt. Doch ist dies wirklich das eigentliche Ziel? Kritiker bezweifeln das.

"Obwohl viele Details über den Great Reset erst bekannt gegeben werden, wenn das Weltwirtschaftsforum im Januar 2021 in Davos zusammentritt, sind die allgemeinen Grundsätze des Plans klar:

---

[68] Kommentar von Johannes Gross in Capital 2/95

Die Welt braucht (angeblich) massive neue Regierungsprogramme und weitreichende Maßnahmen, die mit den Programmen vergleichbar sind, die von amerikanischen Sozialisten wie Bernie Sanders und Alexandra Ocasio-Cortez in ihrem ‚Green New Deal' ausgearbeitet wurden." [69]

Geplant ist angeblich eine möglichst weltweite Verschmelzung von Kapitalismus und Sozialismus. Dies laufe, so Haskins sinngemäß weiter, auf eine neue Form des Sozialismus hin. Ein Begriff, den das WEF bisher bewusst gemieden habe.

Auch wenn es von diesen Sozialismus-Befürwortern niemand zugeben will, oder vergessen wird: **[S] 'Das 'Subjektive'** ist unausrottbar. Auch im Sozialismus war und ist ein allgemein freier Zugang zu allen benötigten Konsumgütern Utopie. [70]

Übersehen wird dabei auch, dass der vielfach gescholtene 'Kapitalismus' in Wirklichkeit bereits eine durch Verträge und Juristen reglementierte 'Freie Marktwirtschaft' war. Und sich durch gezielte Lobbyarbeit und 'Freihandelsabkommen' wie NAFTA, CETA, TTIP, TISA, TPP weiter in Richtung einer globalisierten Konzernherrschaft bewegt. [71]

---

[69] https://deutsche-wirtschafts-nachrichten.de/507443/Masterminds-des-Great-Reset-planen-eine-Verschmelzung-von-Kapitalismus-und-Sozialismus

[70] Beispiel hierfür in der DDR: Die Intershops

[71] http://www.tagesspiegel.de/politik/wirtschaftsbeziehungen-20-jahre-nafta-das-netz-des-geldes/11082792-all.html

10.4 *Wahrheiten*

Es gibt offenbar keine absolute Wahrheit.
Aber es gebe die

- ➔ politische Wahrheit,
- ➔ die einfache öffentliche Wahrheit,
- ➔ die reine Wahrheit und
- ➔ die lautere Wahrheit. [72]

Wer nur die Überschriften liest erfährt beispielsweise:
"Deutschland ist ein reiches Land."

Aber wo viel Licht ist, übersieht man gern die Schatten. [73]
Wer die Medien, und dabei auch das klein Gedruckte, genau liest erfährt:

"Deutschland ist reich.
Doch die Renten sind höher, in Österreich."

Die Rente reicht nicht. Die Zahl der Deutschen, die ihren Lebensunterhalt mit ihrer Rente und dem Ersparten nur unzureichend bestreiten können, steigt seit Jahren.
Über eine halbe Million alte Menschen sind derzeit auf die Grundsicherung angewiesen, ...[74] [75]

---

[72] Frei nach Heiner Geißler und Konrad Adenauer - http://www.schlichtung-s21.de/fileadmin/schlichtungs21/Redaktion/pdf/101119/Gesamtdokument_5S21_19112010.pdf

[73] https://www.focus.de/finanzen/news/streit-ueber-vermoegensstudie-wie-kanzlerin-angela-merkel-die-deutschen-reich-rechnet_aid_965382.html

[74] ARD-Rentenreport: In 230 Berufen reicht die Rente später nicht http://www.tagesschau.de/inland/ard-rentenreport-101.html

[75] http://www.huffingtonpost.de/2015/12/23/von-wegen-reiches-deutschland_n_8870840.html

Es fehlt an der Infrastruktur. [76]
Ein Schwerlast-Spediteur aus Südtirol erzählte mir, welche Umwege er sogar auf Autobahnen fahren muss um von Augsburg nach Bremerhafen zu kommen.
Er beschreibt den Zustand offenbar korrekt:

Der Verfall deutscher Brücken ist bedenklich. [77]

Es fehlen Lehrer, Polizisten, Verwaltungsbeamte, ... [78]

Es fehlen Hebammen, Ärzte auf dem Land, Pflegekräfte, Kindergärtner(innen), Sozialarbeiter und Psychologen.[79]

Und es fehlen bezahlbare Wohnungen.
Durch das Wachstum der Bevölkerung, aber auch durch die steigende Anzahl kleinerer Haushalte wächst der Bedarf nach Wohnraum in Deutschland.

Doch gebaut wird zu wenig und zu teuer. [80]
Die anhaltende Flüchtlingskrise verschärft den (latent) bereits vorhandenen Mangel. [81] [82]

---

[76] http://www.berliner-woche.de/friedrichshain/politik/es-fehlt-an-allen-ecken-studie-stellt-erheblichen-mehrbedarf-bei-sozialer-infrastruktur-fest-d137560.html

[77] http://www.spiegel.de/wirtschaft/soziales/deutschland-hier-sind-deutschlands-bruecken-marode-a-1080431.html

[78] http://www.tagesschau.de/inland/bab-bildungspolitik-101.html, https://www.welt.de/wirtschaft/article151459678/Deutschland-fehlen-Zehntausende-Lehrer-und-Polizisten.html

[79] https://www.svz.de/regionales/mecklenburg-vorpommern/schulen-fehlen-psychologen-id8718676.html

[80] https://www.mdr.de/nachrichten/politik/inland/studie-bedarf-wohnraum-deutschland-100.html

[81] https://de.statista.com/statistik/daten/studie/663735/umfrage/jaehrlich-neu-registrierte-fluechtlinge-in-deutschland/

[82] https://www.br.de/nachrichten/deutschland-welt/deutschland-bereitet-sich-auf-fluechtlinge-aus-ukraine-vor,SyMn3so

2017 berichtete die Bundesarbeits- und Sozialministerin Nahles:

"Der Bericht (5. ARB) zeigt uns, dass es eine verfestigte Ungleichheit bei den Vermögen gibt. Die reichsten 10 Prozent der Haushalte besitzen mehr als die Hälfte des gesamten Netto-Vermögens. Die untere Hälfte nur 1 Prozent. Zudem kommt der wirtschaftliche Aufschwung nicht bei allen an. Die unteren 40 Prozent der Beschäftigten haben 2015 real weniger verdient als Mitte der 90er Jahre. ..." [83]

---

83 Das Bundeskabinett hat am 12.4.2017 den Fünften Armuts- und Reichtumsbericht der Bundesregierung (5. ARB) "Lebenslagen in Deutschland" beschlossen. http://www.armuts-und-reichtumsbericht.de/DE/Service/Aktuelles/Meldungen/fuenfter-armuts-und-reichtumsbericht-beschlossen.html;jsessionid=23253C6558C08EB7867797FFEFDA09CC

10.5 *Propaganda*

Spontan fragen die Meisten:
Wie hat das alles angefangen?
Beispielsweise wurde kritischen Geistern ab 1933 zugeflüstert:

Halt den Mund,
sonst kommst Du auf den Heuberg.

Mittels Propaganda wurde die Bevölkerung systematisch mit Lügen und Halbwahrheiten beeinflusst, gelenkt und eingeschüchtert. Vieles wurde verheimlicht.

Kritiker wurden zum Schweigen gebracht.
Wer auswandern konnte wanderte aus.

Andere beschafften sich falsche Papiere und gingen in den Untergrund. Viele kamen in Strafkompanien durch ein sogenanntes "Himmelfahrtskommando" um.

Nicht nur Sozialdemokraten und Kommunisten waren auf dem Heuberg, sondern auch Angehörige der Zentrumspartei, Abgeordnete, Stadträte und Lehrer – alle, die dem NS-Regime kritisch gegenüber standen.[84]

Im "Tausendjährigen Reich" und in den Wirren der Kriegs- und Nachkriegszeit durch Geheimhaltung, Desinformation und Propaganda zusätzlich geschaffene Freiräume ermöglichten Machtmissbrauch und Verbrechen die noch heute schockieren.

Wer blieb übrig?

---

84 https://www.schwarzwaelder-bote.de/inhalt.stetten-am-kalten-markt-gefangene-sassen-hinter-stacheldraht.506df26e-ae35-4abd-8486-f7947f37667e.html

Eine teils fanatisierte oder eingeschüchterte Bevölkerung [MSC] der 1945 generalisierend vorgeworfen wurde, sie seien alle Nazis. [85]

Übrig blieben 'verbrannte Städte' und 'verbrannte Wörter' aber auch:
Traumatisierte und Trauernde, Ausgebombte, Kriegsflüchtlinge und Vertriebene. Das waren meist Mütter mit ihren kleinen Kindern sowie alte und kranke Angehörige. Das ist leidvolle Geschichte.

Viele Wissenschaftler waren ausgewandert.
Die Alliierten suchten gezielt nach Atom-, Flugzeug- und Raketen-Technikern.

Schäden an der Infrastruktur durch Kriegseinwirkung und Reparationen sind teilweise heute noch vorhanden.
Das gilt für das fehlende zweite Gleis zwischen Singen und Stuttgart oder viele andere Bahnstrecken und Brücken.
Und wie schon beim Dreißigjährigen Krieg, blieb bei den meisten betroffenen Menschen ein lange nachwirkendes kollektives Trauma zurück. [86]
Zumeist blieben die starken psychischen Erschütterungen ohne Aufarbeitung und im Unterbewusstsein wirksam.
Nachwirkungen sind bis heute, über 75 Jahre danach und bei den über zweieinhalb Generationen später Aufgewachsenen noch spürbar. [87]

---

85 "1943 waren 11 % der Bevölkerung Parteimitglied." https://de.wikipedia.org/wiki/Nationalsozialistische_Deutsche_Arbeiterpartei#Mitgliedszahlen_und_-kartei

86 Kollektives Kriegstrauma: Georg Schmidt: *Die Reiter der Apokalypse. Geschichte des Dreißigjährigen Krieges.* München 2018, S. 672 ff.

87 Vererbte Narben, Generationsübergreifende Traumata https://www.mdr.de/tv/programm/sendung881548.html

10.6 *Diffamierung*

Die Nachwirkungen sind auch im Ausland fühlbar:
Sei es, dass ein Israeli sich weigerte mit einer Person zu reden, die mit deutschem Kennzeichen unterwegs war.
„Wegen Auschwitz."
Nur Wenige sind so schlagfertig und antworten:
„Und ich rede nicht mit Dir, wegen der Angriffe auf Beirut."
„Da war ich nicht dabei."
„Ich auch nicht."

Generell gilt:
Wenn eine Seite andauernd Schuldzuweisungen ausgesetzt ist und sich ungerecht behandelt fühlt, wird sie depressiv oder sich irgendwann innerlich auflehnen, dagegenhalten, aggressiv werden und möglicherweise sogar kämpfen.

Deutsche nutzen im Ausland und im Kontakt mit Ausländern ihre Fremdsprachen-Kenntnisse.
Einesteils, weil sie höflich sein wollen; andererseits aber auch, weil sie beispielsweise in Holland, Frankreich, England oder anderswo schon als Deutscher ausgegrenzt wurden.

Im Kindesalter und als Jugendliche schmerzt diese Ausgrenzung besonders. Diese unbelasteten Generationen erleiden das nachtragende ausgrenzende Verhalten und empfinden es als ungerecht.
Für sie verwandelte sich die sogenannte
'Gnade der späten Geburt' in Ungnade.
Dabei war für diese Menschen mit deutschem Pass, deutsch oftmals die erste Fremdsprache.

Im Jahr 2018 hatten rund 20,8 Millionen Menschen einen Migrationshintergrund. Dies traf 2018 auf jede vierte Person in Deutschland zu. [88]

Mitte 2020 hatten von 83,1 Millionen Einwohnern der Bundesrepublik Deutschland 21,2 Millionen Menschen einen Migrationshintergrund und 11,2 Millionen waren Ausländer. Das sind 39% der Einwohner. [89]

Es folgen posttraumatische Belastungsstörungen und Sprachregelungen. Begriffe wie 'Volk' sind im öffentlichen Sprachgebrauch verpönt, weil sie beispielsweise im *'Tausendjährigen Reich'* von 1933 bis 1945 für die Propaganda verwendet wurden.

Neu sind *'denglische'* Begriffe.
'Public Viewing' bedeutet laut Duden:
ein gemeinsames Anschauen einer Veranstaltung auf Großbildwänden. Die ursprüngliche Bedeutung von 'Public Viewing', enthält im weitesten Sinne zwar auch die Begriffe öffentlich und Ausstellung; im englisch-amerikanischen Sprachraum bezieht sich dies jedoch auf die Aufbahrung eines Leichnams.

Die Nutzung *'denglischer'* Begriffe ist also fragwürdig und verursacht darüber hinaus oftmals Missverständnisse. [90]

---

88 https://www.destatis.de/DE/Presse/Pressemitteilungen/2019/08/PD19_314_12511.html

89 Stand 30. Juni bzw. 28. Juli 2020 Abfrage am 4. Dez. 2020 https://www.destatis.de/DE/Themen/Gesellschaft-Umwelt/Bevoelkerung/Bevoelkerungsstand/_inhalt.html und https://www.destatis.de/DE/Themen/Gesellschaft-Umwelt/Bevoelkerung/Migration-Integration/_inhalt.html
vergleiche hierzu auch
https://www.bamf.de/SharedDocs/Anlagen/DE/Statistik/AsylinZahlen/aktuelle-zahlen-januar-2020.pdf?__blob=publicationFile&v=3

Weitere Missverständnisse entstehen durch eine Sprachregelung, die jedwede deutliche Ausdrucksweise stigmatisiert und ablehnt. [91]

Allzu leichtfertig wurden und werden etwa Kritiker der Flüchtlingspolitik der Bundesregierung von der politischen und medialen Elite als rechtsradikal diffamiert. [92]

'Wir brauchen eine bessere demokratische Streitkultur, die die Emotionen anspricht, ohne unsachlich zu werden.´ [93]

---

90 https://www.spotlight-online.de/englisch-lernen-ratgeber/denglische-woerter-die-nur-deutsche-verstehen

91 https://www.duden.de/rechtschreibung/Political_Correctness

92 https://de.richarddawkins.net/articles/kirchenkritiker-als-rechtsradikale-verleumdet 11. Okt. 2016

93 https://www.stoiber.de/tag/cdu/ Der Beitrag Mehr Mut zur politischen Auseinandersetzung wurde am 7. Juni 2016 in Bayern veröffentlicht.

10.7 *Toleranz*

Nun haben wir hier Vertriebene und Kriegsflüchtlinge aus Syrien.[94]
Statt Müttern mit ihren kleinen Kindern sowie Alten und Kranken sehen wir jedoch mehrheitlich junge Männer. [95]

Vielen dieser vorwiegend jungen Männer im wehrpflichtigen Alter fehlt die Akzeptanz der deutschen Rechts- oder Werteordnung.[96]

Nicht nur Einsatzkräfte berichten von einer offenen Feindseligkeit, einer hohen und unmittelbar geäußerten Aggressivität, Respektlosigkeit und Gewalteskalation:
Die Gewaltszenen in der Kölner Silvesternacht 2015 haben weltweit schockiert. [97]
Polizisten dementierten die Angaben ihrer Führung, wonach die Täter von Köln unbekannt seien. Die meisten Kontrollierten seien Syrer gewesen. Den Tätern sei es vor allem um „sexuelles Amüsement" gegangen.[98]
In jener Silvesternacht, ist es auch in Weil am Rhein zu einem gravierenden Fall sexueller Gewalt durch vier junge Syrer gekommen.[99]

---

94 https://www.spiegel.de/politik/ausland/fluechtlinge-aus-syrien-die-golfstaaten-nehmen-keine-fluechtlinge-auf-a-1051885.html

95 https://www.spiegel.de/kultur/gesellschaft/fluechtlinge-warum-vor-allem-maenner-nach-deutschland-kommen-a-1051755.html

96 https://polizei.nrw/sites/default/files/2019-05/190515_Lagebild %20Clan%202018.pdf

97 http://reportage.wdr.de/silvesternacht-koeln#22005

98 07.01.2016 https://www.welt.de/politik/deutschland/article150735341/Die-meisten-waren-frisch-eingereiste-Asylbewerber.html

99 https://www.schwarzwaelder-bote.de/inhalt.weil-am-rhein-freiburg-vergewaltigung-vier-junge-syrer-verurteilt.d8f96f23-e47d-4740-9880-51fc7a8e0308.html

Drei Jahre Haft wegen Drogendelikten, Freiheitsberaubung, Körperverletzung und Vergewaltigung erhielt ein 33 Jahre alter Flüchtling aus Syrien, der im Herbst 2018 in Münstertal / Breisgau-Hochschwarzwald einer 16-jährigen zunächst Kokain gegeben und sie anschließend vergewaltigt hatte.[100]

Elf Männer sind in Freiburg angeklagt wegen Gruppenvergewaltigung einer 18-Jährigen am 13. Oktober 2018 . Bei den Angeklagten handele es sich um acht syrische Staatsangehörige zwischen 19 und 30 Jahren, einen 23-jährigen Iraker, einen 18-jährigen Algerier und einen 25-jährigen Deutschen.[101]

Eine junge Frau war Mülheim an der Ruhr am Freitagabend vergewaltigt worden, Anwohner hatten die Polizei gerufen. Dringend tatverdächtig sind drei 14-Jährige und zwei 12-Jährige.[102]
Der Fall erinnert an die Gruppenvergewaltigung eines 13-jährigen Mädchens im April 2018 in Velbert.
Die Jugendlichen hatten die Schülerin nach einem Freibad-Besuch abgepasst, in ein Waldstück geführt und sich dort an ihr vergangen. An der Tat waren acht Jugendliche aus Bulgarien beteiligt, die der türkischen Minderheit in dem Land angehören. Sie wurden vom Wuppertaler Landgericht wegen Gruppenvergewaltigung verurteilt und erhielten hohe Einzelstrafen von bis zu vier Jahren und neun Monaten.[103]

---

100 https://www.schwarzwaelder-bote.de/inhalt.freiburg-13-jaehrige-vergewaltigt-drei-jahre-haft.bf79fed6-15d2-48fc-b4d4-d422e7ebabc1.html

101 https://www.focus.de/politik/gerichte-in-deutschland/verbrechen-erschuetterte-deutschland-gruppenvergewaltigung-in-freiburg-prozess-gegen-elf-junge-maenner-beginnt_id_10860345.html

102 https://www.sat1.de/news/panorama/nach-sexualdelikt-in-muelheim-14-jaehriger-in-haft-105329

103 https://www.welt.de/vermischtes/article196450935/Muelheim-an-der-Ruhr-Schweres-Sexualdelikt-verdaechtige-Jugendliche-wieder-

Bei Gruppenvergewaltigungen beträgt der Ausländeranteil der Täter 54,8%. 57,1% aller Täter von Gruppenvergewaltigungen sind bereits zuvor wegen anderer Straftaten aufgefallen. [104]

Es gibt gute Gründe authentisch miteinander umzugehen. Es gibt Immigranten, die sich schamlos bereichern. Andere haben bewusst keine Ausweise, oder nutzen bis zu 14 Identitäten. Einzeltäter, Mehrfachtäter und ganze Gruppen, führen sich in hilfsbereiten fremden Ländern wie marodierende Horden auf. [105] [106] [107]
Sie rauben und schänden, rasten aus oder begehen als Mittäter aus der Gruppe heraus Landfriedensbruch. [108]
Al Hayat TV weist darauf hin, dass Zwangsverheiratung, Raubzüge, Ermordung und Schändung sowie der Vollzug der Ehe mit einer Neunjährigen überliefert und deshalb möglicherweise Vorbild seien. [109] [110] [111]

---

bei-den-Eltern.html

104 https://www.stuttgarter-nachrichten.de/inhalt.studie-des-bundeskriminalamts-experten-gruppenvergewaltigungen-sind-keine-einzelfaelle.49f5ea87-8781-4780-8b63-dbb66fbd9f12.html

105 https://www.swp.de/politik/inland/hintergrund-schock-einer-silvesternacht-51097206.html#:~:text=Migration%20Deutschland%20Schock%20einer%20Silvesternacht%20Die%20Silvesternacht%202015,sondern%20einige%20von%20ihnen%20zu%20T%C3%A4tern%20geworden.%2004.

106 https://de.gatestoneinstitute.org/5223/schweden-vergewaltigung

107 Spanien: https://www.focus.de/politik/ausland/spanien-nicht-anhalten_aid_177559.html

108 https://dejure.org/gesetze/StGB/125.html

109 http://www.islam-analyse.de/?page_id=837 267 338 ...

110 https://www.planet-wissen.de/kultur/religion/islam/pwiemohammedibnabdallahderprophetausmekka100.html

111 https://www.goldseiten.de/artikel/420531--Dr.-Markus-Krall~-Fehler-und-Risiken-der-Gesellschaft-und-des-politischen-Systems.html

Wahrhaft Gläubige aber kennen die Sure 4.24 und würden diese auch befolgen: "
Verboten sind Euch verheiratete Frauen, außer Eurer gefangenen Sklavinnen. ... Erlaubt ist, dass ihr Frauen begehrt zur Ehe, jedoch nicht zur Hurerei. ... "

Europa geht selbstverständlich davon aus, dass die Sklaverei abgeschafft ist und Frieden herrsche.[112]
Gleichbehandlung, ist selbst in Kriegszeiten, Völkerrecht:
"Streng verboten sind insbesondere Tötung, ..., Gewaltanwendung, Erniedrigungen ..., ebenso Repressalien und Vergeltungsmaßnahmen..."

"(Zivil-) Personen haben unter allen Umständen Anspruch auf Respekt ihrer Person, Ehre, familiären Bindungen, ihrer religiösen Überzeugungen und Gebräuche und ihrer sonstigen Gewohnheiten.
Sie sind ohne jeden Unterschied unter allen Umständen menschlich zu behandeln und vor Gewalt, Bedrohung, Beleidigung, Erniedrigung und öffentlicher Neugier zu schützen.
Frauen ist besonderer Schutz vor Vergewaltigung, erzwungener Prostitution und sonstigen unzüchtigen Angriffen gegen ihre Person zu gewähren." [113]

2018 hat die Gewalt keineswegs abgenommen:
Die Gewalt nimmt zu. [114]

Die Lokal-Presse einer süddeutschen Stadt vermeldet 2019 :
"*Weniger Straftaten.*"
Aber auch:

---

[112] https://www.juraforum.de/lexikon/genfer-konventionen III Art.14
[113] https://www.juraforum.de/lexikon/genfer-konventionen IV Art.27
[114] 24.04.2017 https://www.zdf.de/nachrichten/heute-sendungen/statistik-gewalt-100.html

"*Gewalt gegen Polizisten steigt.*" [115]

Es gäbe eine deutliche Diskrepanz zwischen realen Straftaten und dem Sicherheitsgefühl der Bürger.
Dabei ist der (tatsächliche) Anteil tatverdächtiger Zuwanderer ... vier Mal so hoch wie ihr (Alters-)Anteil an der (Gesamt-)Bevölkerung. [116]
Bedenklich stimme, dass sich auch die Gewalt gegen Polizeibeamte von vier Fällen 2014 auf 43 Fälle 2018 erhöhte. Die Straftaten gegen die sexuelle Selbstbestimmung, also sexuelle Belästigung einschließlich Vergewaltigung, erhöhten sich in den letzten drei Jahren von 16 auf 27 und 30 Fälle.[117]

Wo das Gewaltmonopol des Staate schwindet, greift immer mehr das Notwehrrecht und das Selbsthilferecht (§ 32 StGB, § 229 BGB). [118] [119]
Die betroffene Bevölkerung bewaffnet sich. [120]
Immer mehr. [121]

Wer ist daran schuld?
Oft erhält man als Antwort:
Die politische und mediale Elite.

---

115 20.06.2020 https://www.sueddeutsche.de/panorama/stuttgart-randale-1.4942646

116 https://www.swp.de/politik/inland/hintergrund-schock-einer-silvesternacht-51097206.html#:~:text=Migration%20Deutschland%20Schock%20einer%20Silvesternacht%20Die%20Silvesternacht%202015,sondern%20einige%20von%20ihnen%20zu%20T%C3%A4tern%20geworden.%2004.

117 Tageszeitung vom 12. Juli 2018

118 *https://dejure.org/gesetze/**StGB**/32.htm*

119 *https://dejure.org/gesetze/**BGB**/**229***

120 20.102016 https://www.n-tv.de/mediathek/videos/panorama/Deutschland-bewaffnet-sich-article18938056.html

121 13.05.2019 https://www.zdf.de/verbraucher/wiso/waffenschein-klein-fuer-schreckschusswaffen-nehmen-zu-folgen-gefahren-100.html

Einzelne oder das Kollektiv?

Kollektivschuld bedeutet, dass die Schuld für eine Tat nicht Einzelnen als Täter angelastet wird, sondern einem Kollektiv. Die Kollektivschuld belastet folglich auch Menschen, die selbst nicht an der Tat beteiligt waren.

Die Sippenhaftung, allgemein verkürzt bekannt als Sippenhaft, ist eine Form der Kollektivhaftung.
Sie bezeichnet das Einstehenmüssen des Kollektivs für Taten ihrer Angehörigen.

In der Rechtsordnung der Bundesrepublik Deutschland gilt die Kollektivhaftung, welche die Sippenhaftung einschließt, als unvereinbar mit den heutigen rechtsstaatlichen Grundsätzen. [122]

Generalisierende Anschuldigungen sind wenig hilfreich.
Es ist sinnlos einzelnen Bürgern allgemein die kriminellen Taten von Gruppen und-oder der Herrschenden vorzuwerfen.
Verallgemeinernde Vorwürfe verärgern Unschuldige!
Klagen gegen Länder hätten rechtlich auch keine Chance, schließlich seien (National-) Staaten nicht justiziabel. [123]

Keine Person darf für ein Verbrechen verurteilt werden, das sie nicht persönlich begangen hat. [124] [125]

---

[122] Eine Kollektivstrafe setzt eine Kollektivschuld voraus. Gemäß Genfer Abkommen III Art. 87 Abs. 3 und IV Art. 33 zählen Kollektivstrafen zu den Kriegsverbrechen. https://educalingo.com/de/dic-de/kollektivschuld

[123] "Nationalstaaten nicht justiziabel" - Vergleiche hierzu auch: https://www.hz.de/panorama/corona-wortkrieg-um-das-virus-45557221.html

[124] Vergleiche hierzu den Artikel 33 Genfer Abkommen IV:
Keine Person darf für ein Verbrechen verurteilt werden, das sie nicht persönlich begangen hat.

Wenn für etwas mehr Toleranz gefordert wird, ist das meist keine Frage der Meinung:
weder Gedanke noch Wort.
Sondern oft mehr als eine erlaubte Handlung:
De facto also Untat oder Delikt, ein Fall für das Gericht.

Niemand, weder Einzelperson noch Gesellschaft, muss Angriffe auf sich hinnehmen. [126]

---

[125] Bei Landfriedensbruch ist neben der Mit-Täterschaft auch die Teilnahme strafbar. https://dejure.org/gesetze/StGB/125.html

[126] https://www.spiegel.de/kultur/gesellschaft/toleranz-was-bedeutet-das-wort-eigentlich-a-1083748.html

10.8 *Grenzen der Toleranz*

Es gibt gute Gründe authentisch miteinander umzugehen. Selbst die reichste Gesellschaft kann durch

- ➔ Propaganda, die das Offensichtliche leugnet und auf eine hehre Zukunft verweist,
- ➔ fanatisch-moralisierende Eiferer, Radikale und Extremisten,
- ➔ übermäßige Geldschöpfung, Zinseszins und aufgeblähte Finanzgeschäfte,
- ➔ Missernten oder massenhafte Immigration,
- ➔ Prunksucht, einseitige Verteilung der Einkommen und der Macht,
- ➔ zu geringe oder überhöhte Steuern,
- ➔ mangelnde oder übermäßige subjektive Selbstsucht,
- ➔ ständiger übermäßig großzügiger Anerkennung von Ansprüchen Einzelner oder Dritter,

in den Bankrott und in bittere Verteilungskämpfe oder gar in (Bürger-)Kriege getrieben werden.
Wie dies ausgeht, lehrt uns die Geschichte.
Als Beispiel die vorwurfsvolle, verbitterte Antwort von einem adligen Anführer der Bauernkriege:

Die Herren machen das selber,
dass ihnen der arme Mann feind wird. [127 128]

---

[127] Er zitiert den Prediger Thomas Müntzer:
http://www.mlwerke.de/mu/mu_003.htm
http://www.thomas-muentzer-schule-guestrow.de/muentzer.html

[128] Volker Pispers kritisiert die Geldschöpfung - https://www.youtube.com/watch?v=nIP_AxzeVbM

10.9 *Tugend, Tüchtigkeit und Selbstbeherrschung*

Tugend, Tüchtigkeit, Selbstbeherrschung und Willenskraft sind an der politischen Realität ausgerichtete Kernbegriffe. Sowohl der einzelne Mensch als auch ganze Völker sollten Träger von Tugend, Tüchtigkeit, Selbstbeherrschung und Willenskraft sein. So hatte das Römische Reich eine so große Macht erreicht, weil seine Anführer und seine Bürger dazu erzogen wurden. [129]

Gegenüber den Mitmenschen und Dritten gibt es generelle Grenzen der Zumutbarkeit:

- ➔ *Du sollst dich nie an den Gütern Dritter gütlich tun;*
- ➔ *Du sollst dich niemals an ihren Frauen vergreifen;*
- ➔ *Du sollst keinesfalls einfach aus Spaß töten.*

Dies gilt für alle, egal ob Fürst oder Untergebene, Alteingesessene oder Zugereiste.

Einseitig **c**ollectiv-**c**onforme, fanatisch-**m**oralisierende oder **s**ubjektiv-**s**elbstsüchtige Gesellschaftsformationen übernehmen immer öfter das Gewaltmonopol. Selbst Notaufnahmen brauchen Wachschutz. [130]

---

[129] Peter Schröder: Niccolo Machiavelli, S. 42 f. und S. 161

[130] https://www.swr.de/swraktuell/bw/gewalt-in-kliniken-in-bw-nimmt-zu-notaufnahmen-brauchen-wachschutz/-/id=1622/did=18426790/nid=1622/1pudhh5/index.html

Der *"Robin-Hood"* der Neuzeit trifft die weniger gut geschützte Mittelschicht und meist nur sehr selten die wirklich Reichen:
Früher waren es Burgen - heute besonders gesicherte Privat- und Firmengelände, massiver Personenschutz und eigens gesicherte Verkehrswege auf den letzten Metern machten und machen die wirklich Reichen für Straßenräuber nahezu unerreichbar. [131]

Dies gilt auch für die meisten Führungskräfte der Industrie, die von ihrem Unternehmen seit 1998 oft sogar gegen Entführung mit Lösegeld-Erpressung versichert sind.[132]

Stets ist die ganze Persönlichkeit, auch einer Gesellschaft, gefragt. Keine der sechs Strukturebenen sollte über- oder unterrepräsentiert sein!

Jede Überbetonung, jeder (anfangs noch so geringe) Mangel ist auf Dauer - für die Gesamtheit der Persönlichkeit, für das Umfeld und die Gesellschaft - ausnahmslos schädlich.
Ein gesundes, ausgewogenes Maß an Machtspiel, subjektiver Selbstsucht und Collectiv-Conformem Verhalten [**MSC**] ist stets genauso vonnöten wie
Anerkennung, Innovation und originelles Organisationsgeschick [**AIO**].

---

131 Wer war Robin Hood? http://www.spiegel.de/spiegel/print/d-138055366.html

132 http://www.firstclassversicherung.de/texte/entfuehr.html

11 Die aktive Gesellschaft

Inklusion oder Integration?

Die Begriffe Inklusion und Integration werden heutzutage oftmals gleichgesetzt. Diese Verwirrung beruht auf einem Übersetzungsfehler der UN-Behindertenrechtskonvention.

Wie unterscheidet sich die Inklusion von der Integration?

Die **Inklusion** betrachtet alle Menschen als Gleichberechtigte, die von vornherein und unabhängig von persönlichen Merkmalen oder Voraussetzungen Teil eines Ganzen sind. Die Inklusion sieht die Vielfalt der Individuen und Heterogenität der Gesellschaft als grundlegend und selbstverständlich.
Die gesellschaftlichen Rahmenbedingungen müssen tolerant und so flexibel gestaltet sein, dass sie jedem Einzelnen Teilhabe ermöglichen.

➔ **Inklusion fördert die vorhandene Persönlichkeit.**

Die **Integration** geht davon aus, dass eine Gesellschaft aus einer relativ homogenen Mehrheit und Außengruppen besteht, die in das bestehende System konsequent integriert werden müssen.
Das Konzept der Integration nimmt Unterschiede wahr und verlangt von jedem Einzelnen, dass er sich an die Mehrheit anpasst, um ein vollwertiges Mitglied der Gesellschaft zu werden.

➔ **Integration fordert die vorhandene Persönlichkeit.**

Inklusion und Integration beruhen also auf unterschiedlichen gesellschaftlichen Philosophien und stehen für vollkommen verschiedene, nahezu gegensätzliche, Herangehensweisen:

Eine "**gelungene Integration**"
ist verbunden mit der "**erfolgreichen Inklusion**":
Dazu gehört

- ➔ der redliche Einsatz zur Mehrheit gehören zu wollen und
- ➔ die Bereitschaft der Gesellschaft diesen lauteren Eifer anzuerkennen.

Meist ermöglicht erst das wahrhafte Bemühen des Einzelnen die Teilhabe.

Es gibt Menschen, die uns im täglichen Leben kaum auffallen:
So gab mir die Telefonistin bei meinem Finanzamt stets freundlich und kompetent Auskunft. Eines Tages hatte sie mein Hereinkommen nicht gehört und erschrak.
Nur durch diesen Zufall, bemerkte ich, dass sie blind war: Sie hatte sich alles Wichtige zuerst auf Karteikärtchen mit Braille notiert und dann auswendig gelernt.
Sie erarbeitete sich so durch ihren steten Einsatz allgemeine Anerkennung.

Es gibt ganze Bevölkerungsgruppen, die uns kaum auffallen. Erst durch die Fußball-Weltmeisterschaft wurde es offenbar:
"Die Kroaten feiern den Einzug ins WM-Halbfinale." [133]
Wussten Sie, dass so viele in Deutschland ursprünglich aus Kroatien stammen?

---

[133] Heilbronn, Kassel, München, Nürnberg, Frankfurt https://newstral.com/de/article/de/1100279611/kroaten-feiern-in-heilbronn-den-einzug-ins-wm-finale und https://www.zdf.de/nachrichten/heute-sendungen/kroatien-im-freudentaumel-100.html

Dies ist nur ein Beispiel für gelungene Integration und erfolgreiche Inklusion.

Bei allen Gesellschaften sei es wichtig, dass Neubürger die Grenzen und Normen des aufnehmenden Kulturkreises tolerieren und zugleich anerkennen.

2017 / 2018 tobte deshalb in einer Doppelstadt an der Donau nahezu ein halbes Jahr langt ein Meinungskrieg. 38 Organisationen hatten sich gegen eine öffentlich geäußerte Meinung verwahrt. Darf ein ehemaliger Stadtrat in seiner Kolumne seine Meinung frei äußern? [134]

Eigene Meinungen polarisieren. Muss man *"... in einer freien und offenen Gesellschaft für freie Meinungsäußerung plädieren?"*

Es gibt gute Gründe authentisch miteinander umzugehen: Der Zusammenhalt schwindet. [135]
Ein strenges, und hartes Einfordern der Landes-typischen Grenzen und Normen vermeide(t) die ausufernde Bildung von Parallelgesellschaften.[136]

Integration fordert und Inklusion fördert die Teilhabe an der Gesamt-Gesellschaft. Dieses konsequente wechselseitige Walten ist zum Wohl aller und ändert sowohl Einzelwesen als auch die Gesellschaft.

---

134 https://www.ksm-verlag.de/fileadmin/data/downloads/spazz/spazz-2017-12.pdf 2018-04 und 05.pdf

135 https://www.vorausschau.de/files/BMBF_Foresight_Wertestudie_Langfassung.pdf

136 Berliner Tagesspiegel: 5.Sept.2011 Diskussion von Berliner Schülern mit Politikern über Integration und Inklusion von Neubürgern in Wedding

Alles auf einmal ändern?

Ein Ruck reißt mich aus meinen Gedanken.

Der Zug fährt plötzlich aus dem Nebel ans Licht.
Gleißend hell weiß strahlt die Sonne.
Ich bin geblendet!

Umwendung zum Licht!
Die schmerzhafte Erfahrung mit der Wirklichkeit.

Wer sofort zu viel will, ist geblendet.
Blind allem ausgeliefert.
Zumindest für eine kurze Zeit!
Das platonische Höhlen-Modell des Lernens!

Intellektuelles Impulsbewusstsein.
Stufe um Stufe,
täglich ein klein wenig weiter aus der Höhle ans Licht.
Langsam, mit kleinen Schritten.
Stufe um Stufe.
Kurzfristig erreichbare Etappen-Ziele.
Der Weg ist das Ziel.
Aus dem Dunkel ans Licht.

Wie kann frau / man sich so täuschen?

Eine junge Frau sucht einen Partner fürs Leben. Sie freut sich, dass sie nach einiger Zeit jemanden gefunden hat und erzählt ihrer Mama:
„Er sieht gut aus, ist nett, freundlich, hat einen guten Beruf - nur - er ist sehr sparsam."
„Lass die Finger von ihm, Geiz nimmt zu!"
Das Mädchen ist traurig, aber folgsam. -

Als sie wieder jemanden, der ihr gefällt, gefunden hat meint sie, dass das jetzt der richtige Partner sei:
„Er ist großzügig und freundlich, er hat einen leitenden Beruf - nur - er will immer Recht haben."
Ihre Mutter ist abgeneigt:
„Lass die Finger von ihm, Rechthaberei nimmt zu!"
Das Mädchen ist sehr traurig, aber folgsam. -

Nach einiger Zeit:
„Jetzt aber habe ich aber den Richtigen gefunden, Mama! Er ist ein großzügiger Partylöwe."
Aber ihre Mami schüttelt nur den Kopf:
„Er trinkt gern. Lass die Finger von ihm, die Sucht nimmt zu!"
Die junge Frau ist untröstlich, es fällt ihr sehr schwer, die Meinung ihrer Mutter gelten zu lassen. Wütend meint sie:
„Mutter, Du gönnst mir keinen!" -

Aber nach einem halben Jahr:
„Ob das jetzt der richtige Partner für mich ist, Mama?
Er ist ganz wild auf mich! Aber - er will immer!"
„Heirate ihn, das lässt nach!"

Es ist oft so, dass die selbstsüchtigen Verhaltensweisen: Geiz, Rechthaberei und die Sucht sich mit dem Alter verstärken. Dabei hat frau / man sich doch gefreut, dass der Partner / die Partnerin so viel Durchsetzungskraft besitzt. Nun wird es plötzlich zu viel, der Neid nagt, Angst vor dem Neuen macht sich breit, die Illusionen sind inzwischen geplatzt wie Seifenblasen.

Aus einem lieben Kerl wird aller Wahrscheinlichkeit nach nie ein Karrieretyp:
Ihm widerstrebt es zutiefst seine Ziele durchboxen zu müssen. Wer so einen netten Kerl heiratet, muss damit klarkommen.
Dies gilt auch für geschäftliche Partnerschaften.
Auch Gesellschaften verändern sich nach und nach in dieser Weise.

11.1 *Der Beginn einer Beziehung [AO]*

Beim Beginn einer Beziehung erscheint alles im rosigen Licht, alles verläuft vorsichtig abtastend und möglichst harmonisch. Die gegenseitige diplomatische Anerkennung von Staaten, Städtepartnerschaften, das Kennenlernen von Paaren und die erste Sandkasten-Freundschaft entsteht gleichermaßen. Durch das (gegenseitige) Füttern, Umsorgen und Verpflegen entsteht eine Bindung, Vertrauen und Zusammengehörigkeitsgefühl. Es ist die 'ideale Beziehung', bei der jede/r vertrauensvoll davon ausgeht, dass der/die andere für sie/ihn da ist.

Das 'Originelle' [**O**] ist unsere mächtigste Strukturebene:
Muße und aus purem Vergnügen lustbetont sein, Offenheit, Neugier, Staunen, Liebe, Lust, Leid und die offensichtliche Freude an Intimität, spielerische Sinnlichkeit, zeigen und erleben, Lustgewinn!
Dieses Tamagotschi- oder Kleinkind-Schema [**O**] löst Brutpflege und Ammenverhalten [**A**] aus.

Das 'Anerkennende' [**A**] antwortet mit Verantwortung und Versorgung: '*Amme*' sein ist ein sehr starkes Erlebnis, die Erregung reicht bis zum Orgasmus.
'*Liebende*' [**AO**], als Wiege dargestellt, zeigen wechselseitig und abwechselnd '*Ammenverhalten*' und '*Kleinkind-Schema*'.

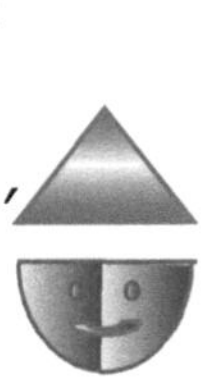

Spielerische Typen wollen auch in der Partnerschaft ihre Unabhängigkeit behalten.
Für kameradschaftliche Typen ist Vertrauen wichtiger als Leidenschaft.

11.2 *Verstrickende Maschen [MC]*

Die selbstlose Liebe will alles für den andern tun. Wir lassen es als 'braves Kind' und politisch korrekter Partner [**C**] zu, dass 'Mächtige-Manager' [**M**] in unserer Beziehung Meinung und Mode machen und unser Leben bestimmen. Wir wollen gefallen und sind gefällig.

Das 'brave Kind' und der politisch korrekte Bürger wird Opfer seiner Erziehung. Das Opfer reagiert (anfangs) mit Collectiv-Conformem Verhalten:
Das *'Collectiv-Conforme'* [**C**] bietet aber auch Leidenschaft - eine Eigenschaft, die Angst, Kummer und Leiden schafft -,
Last - sowohl Belastung als auch Belästigung- ,
List - listiges Umgehen der Vorgaben und Gebote- und lustlose Anpassung an das Geforderte.

Aber irgendwann ist auch die liebste Frau und der netteste Mann am Ende. Es fallen einem alle Schuppen von den Augen, man fühlt sich durch die be- und verstrickenden Maschen [**MC**] betrogen, frau / man erkennt die erniedrigende Situation.
Zweifel, Kritik, Empörung und Wut kommen auf.
Der romantische Rausch ist zu Ende, die 'Idole' und 'Helden' verlieren Autorität und Anbetung. Oft folgt eine für Partner und Außenstehende überraschende Feindseligkeit und ein 'Bildersturm' bei dem man alle Andenken und Erinnerungen löschen möchte.

Wie kommt es, dass nach einiger Zeit sich in Partnerbeziehungen eine Unzufriedenheit einschleicht? Am Anfang war doch alles eitel Freude, und heute?

Das Hinterfragen und Erkennen der Differenzen befällt zuerst einen Teil:
Der/die Zweite ist ahnungslos, wird hintergangen und betrogen, ist ohne Vorwarnung plötzlich schutzlos Angriffen ausgeliefert und 'fällt aus allen Wolken'.
Der Partner oder die Partnerin entpuppt sich.
Nebensächlichkeiten werden zum Anlass heftiger Auseinandersetzungen. Es findet ein Machtkampf statt.

Diese 'plötzliche' Verhaltensänderung kann bei Betroffenen eine Veränderungsdepression und Angst, Eifersucht und berechtigte Furcht vor wiederholter (brutaler) Gewalt auslösen.

Bei der besitzergreifenden Beziehung ist der Partner Mittelpunkt der Machtausübung.
Besonders fies ist der vorsätzliche Einsatz von be- und verstrickenden Maschen:
'Lover-Boys' [**M**] gaukeln jeder *'Prinzessin'* Liebe vor, machen sie hörig um sie dann als eine von vielen *'Schlampen'* wiederholt missbrauchen zu lassen.
Diese *'Mächtigen'* nutzen Tabus und Gebote, Riten, Ethik, *'herrschender Moral'* und die Erziehung (den Verhaltenskodex) lediglich dazu um ihre Opfer zu erpressen und als Prostituierte zu knechten.
Dazu gehören Feindbilder, bewusste Isolierung vom (ehemaligen) sozialen Umfeld, Kontrolle, Kritik und rohe Gewalt. Für die meisten Zwangsprostituierten erscheint ein Ausstieg aus diesem *'Milieu'* unmöglich.

11.3 *Gewinnoptimierung oder Schadensbegrenzung [SI]*

Abgesehen davon, dass Handelsbeziehungen meist aus selbstsüchtigen Motiven begonnen werden, beruhen Handelsverträge auf intellektuellen Glanzleistungen. Vorausgegangen sind offene Analysen des Eigenbedarfs, oft jedoch auch heimliche Aktionen.

Jetzt beginnen beide Partner darüber nachzudenken, ob es mit Dritten besser wäre. Notfalls bleibt ein Partner gekränkt allein zurück.

Es folgen Trennungssehnsüchte (Brexit) und Affären, aber auch Rückbesinnung auf sich und das mit dem Partner/der Partnerin erlebte Erstrebens- und Erhaltenswerte. Jetzt kommt es darauf an, ob beide Partner trotzdem noch eine gemeinsame Zukunft sehen. Das Fehlen von gemeinsamen Zielen, Orientierungslosigkeit eines oder beider Partner, ist stets auch in Zukunft eine Gefahr für die Partnerschaft!

Gewinnoptimierung

Bei der leidenschaftlichen Liebe ist das Ziel größtmögliche Romantik und Erotik. Das 'Subjektive' [S] ist egozentrisch auf persönliche Gewinnoptimierung aus. Dabei wird (nur) aus der Sicht des eigenen Vorteils rücksichtslos und selbstsüchtig gehandelt. Subjektiv (nur) auf die eigene Person bezogen, (nur) für sich.

Folge:
Ausbeutung des (neuen) Partners.

Schadensbegrenzung
Die den Partner unterstützende Liebe, das Coaching, berät und fördert die individuelle Entwicklung des Partners.

Das 'Intellektuelle' [I] ist situationsbezogenes Interesse, Impulsbewusstsein, Intuition, intelligent, innovativ, erforschend und interpretierend, Erkenntnis- und Denkvermögen, Mut zu Neuem.

Folge:
Aufbau einer stabilen (neuen) Bindung.

11.4 *Selbstbewusste Persönlichkeiten [MASICO]*

Die Partner haben gelernt, den Anderen anzuerkennen. Es kann Zeit sein, die plötzlich zur Verfügung steht, Know-how, die Zuneigung eines Menschen, dem es weh tut Sie so niedergeschlagen zu sehen.
Achten Sie einmal darauf!

Sie sehen interne Probleme auch mit den Augen des Anderen, die Lösung wird zuerst eigenverantwortlich auch von sich selbst erwartet.
Es werden Kompromisse (Verträge) geschlossen.

Es entstehen gemeinsame Ziele und Feindbilder: Tue Gutes den Nahestehenden und nutze alles im gemeinsamen Interesse.
Beständig ist dabei nur der Wandel, Stillstand (Ziellosigkeit) ist Rückschritt.

Am Anfang sind alle Unternehmen besonders risikobehaftet.
Ein unzufriedener Kunde verdirbt zehn Anschlussgeschäfte.
Wer will schon mit einem Partner Handel treiben, von dem er weiß, dass er ständig übers Ohr gehauen wird?

Gibt es auch selbstbewusste Organisationen?
Ja!

Ich bin sicher,
dass die Vertragstreue und Verlässlichkeit der Augsburger Kaufmannschaft und der Hanse ein Hauptgrund für deren Erfolg waren.

Wir haben nun, im Idealfall,

- ➔ zwei gleichberechtigte Gesprächspartner
- ➔ mit vollständiger Persönlichkeitsstruktur,
- ➔ die kritisch und machtbewusst,
- ➔ voll (Mit)Verantwortung und (gegenseitiger) Anerkennung,
- ➔ intelligent und intuitiv,
- ➔ selbstsicher
- ➔ das gemeinsame Wohlergehen als subjektives Ziel verfolgen,
- ➔ dabei originelle Persönlichkeiten bleiben und offen bis orgiastisch ihr Lustempfinden (gemeinsam) ausleben,
- ➔ wobei die collectiv-conforme Haltung dazu dient, ein angenehmes Maß an Kultur und Umgangsformen zu pflegen.

11.5 *Das sogenannte Böse*

"Liebe deinen Nächsten wie dich selbst."
Dieser Leitsatz ist ein Bibelzitat. Ihm gleich sind:
Du sollst deinen Nächsten lieben wie dich selbst.
Denn Liebe tut dem Nächsten nichts Böses.[137] [138] [139]

Aber wie weit soll die Nächstenliebe gehen?
Ihr habt gehört, dass gesagt ist: "Du sollst deinen Nächsten lieben und deinen Feind hassen."
"Ich aber sage euch: Liebt eure Feinde und betet für die, die euch verfolgen, ..." [140]

Die Meisten werden ihre Feinde hassen.
Nur Wenige schaffen es für ihre Feinde zu beten.
Den Meisten reicht es vollkommen ihre Nächsten zu lieben.
Aber die Über-Nächsten oder gar Feinde lieben?

Im Mittelalter gab es strenge Gebote. Doch das Fasten wurde oft spitzfindig unterlaufen:

Im Jahr 1569 schickten die mexikanischen Bischöfe den Mönch Girolamo di San Vincenzo zu Papst Pius V. (1566-1572). Der Pontifex sollte entscheiden, ob das Getränk "Xocoatl" von der Frucht des Cacahatl in der Fastenzeit getrunken werden dürfe. Der Papst entschied daraufhin: "Potus iste non frangit jejunium" = Schokolade bricht das Fasten nicht.

---

137 Galater 5.14 – Vergleiche hierzu auch Jakobus 2.8 "..., so tut ihr wohl"

138 Matthäus 19.19 und 22.39 ; Markus 12.31 ; 3. Mose 19.18 ; Römer 13.9

139 Römer 13.10

140 Matthäus 5.43 und 5.44

Ab 1662 erlaubte Kardinal Brancaccio Schokolade generell in der Fastenzeit.

Die Mönche im schwäbischen Kloster Maulbronn erhielten in der Fastenzeit ein großes Stück Fleisch. Die Not während des Dreißigjährigen Krieges (1618-1648) war groß. Und Not kennt kein Gebot: Sie erfanden die Maultasche – Fleisch mit Spinat in der Teigtasche – bis heute ein beliebtes regionales Gericht. [141]

Es gibt Erzählungen, dass in einigen bayrischen Klöstern Gänse, Enten und Biber angeblich kurzerhand als Wassertiere bezeichnet wurden. Wie Fisch konnten sie daher auch in der Fastenzeit verspeist werden.

Getränke, wie die flüssige Schokolade, waren auch in der Fastenzeit erlaubt. So kamen einige Klosterbrüder auf die Idee, Starkbier zu brauen. Sie nannten es "Fastenbier". Der Papst erfuhr davon und wollte es verkosten.
Die Mönche wussten, dass das Starkbier den langen Weg nicht heil überstehen und verderben würde, vor allem, wenn man unterwegs immer wieder den Spund lockerte und dem Bier möglichst viel frische Luft gönnte.
Es schmeckte in der Tat so abscheulich, dass der Papst befand, das "Fastenbier" könne in der Fastenzeit getrost getrunken werden. Es sei schon Buße genug, überhaupt davon zu kosten.

Kurz nach dem Krieg, waren (angeblich) zwei Nonnen aus Rheinfelden (Baden) in der Schweiz. Dort erhielt jede ein Päckchen Zucker und ein Päckchen Mehl. Da sie (vermutlich zu Recht) befürchteten, dass die Zollbeamten diese wertvollen Päckchen konfiszieren, steckten sie sich unter jeden Arm ein Päckchen.

---

141 http://www.katholisch.de/aktuelles/aktuelle-artikel/herrgotts-bscheierle

Auf die Frage, ob die beiden etwas zu verzollen hätten, waren sie sich selbst die Nächsten und sagten wahrheitsgemäß:
"Wir erhielten Zucker und Mehl." -
"Aber wir haben alles unter den Armen verteilt."

Es gibt offenbar keine absolute Wahrheit.
Aber es gibt die politische Wahrheit, die einfache öffentliche Wahrheit, die reine Wahrheit und die lautere Wahrheit. [142]

Niccolò Machiavelli schreibt:

„Ich sage nie mehr, was ich glaube,
und glaube nie mehr, was ich sage,
und wenn mir doch einmal ein wahres Wort entschlüpft,
verstecke ich es gleich hinter soviel Lügen,
dass es nicht wieder zu finden ist." [143]

Erfolgreiche Politik verlange „die Kunst, den richtigen Schein zu erzeugen."
Machiavelli schreibt im Fürstenbuch:

„Die Menschen urteilen im Allgemeinen nach dem Augenschein, nicht mit den Händen.
Sehen nämlich kann jeder, verstehen können wenige.
Jeder sieht, wie Du dich gibst, wenige wissen, wie Du bist. Und diese wenigen wagen es nicht, sich der Meinung der vielen entgegen zu stellen."

Die Perversion der Kunst,
den richtigen Schein zu erzeugen
nennen wir heute Propaganda.

---

[142] Frei nach Heiner Geißler und Konrad Adenauer - http://www.schlichtung-s21.de/fileadmin/schlichtungs21/Redaktion/pdf/101119/Gesamtdokument_5S21_19112010.pdf

[143] Machiavelli in einem Brief an Guicciardini. - Vergl. Hierzu: Jürgen Huber: Guicciardinis Kritik an. Deutscher Universitäts-Verlag, Wiesbaden 2004, ISBN 3-8244-4603-0.

Die Macht der Lüge:

Propaganda erkennt man daran,
dass sie das Offensichtliche leugnet,
die Wahrheit und andere ethische Grundwerte in Frage stellt, das Denken und die Wissenschaften verlacht und eine bessere Zukunft propagiert. [144]

Der Fürst muss die traditionelle Moral vorgeblich wahren können, aber er darf auch – im Interesse der Staatsräson – vor Gewalt und Terror nicht zurückschrecken. [145]

„Kein Gesetz ist vor Gott und den Menschen lobenswerter als die Ordnung, die eine wahre, einige und heilige Republik begründet, in der man frei beratschlagt, klug diskutiert und das Beschlossene getreulich ausführt."

Das nennen wir heutzutage tolerant und konsequent.
Oder als Nomen:
Toleranz bei der Beratung und Diskussion (beim Brainstorming) und Konsequenz bei der Ausführung de Beschlossenen.

Machiavelli formuliert in seinem Werk "Die Kunst der Macht" als erster die Grundsätze der Staatsräson.
Ein Herrscher, müsse um die elementaren Notwendigkeiten des Staates zu erfüllen, die Gesetze der traditionellen Moral verletzen können, sonst gehe er mit dem Staat zusammen unter.

---

144 https://www.arte.tv/de/videos/RC-017871/propaganda-die-macht-der-luege/

145 Volker Reinhardt: *Machiavelli oder Die Kunst der Macht. Eine Biographie.* München 2012, S. 254 ff.

Für einen Herrscher sei es demnach gleichgültig, ob er als gut oder als böse gilt, wichtig sei nur der Erfolg, vom Volk nicht gehasst zu werden und folgende drei Gebote zu beachten:

- *Du sollst dich nie an den Gütern deiner Untertanen gütlich tun;*
- *Du sollst dich niemals an ihren Frauen vergreifen;*
- *Du sollst keinesfalls einfach aus Spaß töten.*

Virtù – Tugend, Tüchtigkeit und Willenskraft sind ein Kernbegriff in Machiavellis Theorie und politischer Lehre. „Seine an der politischen Realität orientierten Ratschläge sind nicht auf ein wünschbares (Tugend)-Ideal ausgerichtet, sondern auf ihre Tauglichkeit für die Praxis." Sowohl einzelne Menschen als auch ganze Völker können Träger dieser Kraft sein. Diese virtù ist nie gleich verteilt. So hatte das Römische Reich eine so große Macht erreicht, weil seine Anführer und seine Bürger dazu erzogen wurden. [146]

Fortuna - ist das Schicksal, der Zufall. Sie ist der unberechenbare Faktor in der politischen Rechnung. Fortuna kann, schreibt Machiavelli, nicht nur negativ wirken, sondern eine günstige Gelegenheit schaffen, in der ein guter Herrscher Gutes bewirken kann zum Wohle der Allgemeinheit, aber in der ein schlechter Herrscher dies auch ausnützen wird.

Ambizione – Ehrgeiz stellt für Machiavelli die entscheidende Triebfeder menschlichen Handelns dar. „Dieser Begriff ist bei Machiavelli weitgehend negativ konnotiert, da der Ehrgeiz häufig das Allgemeinwohl den privaten, egoistischen Interessen unterordnet."

---

[146] Peter Schröder: Niccolo Machiavelli, S. 42 f. und S. 161

Necessità – Notwendigkeit „wird von Machiavelli als Ausdruck der politischen und staatlichen Ausnahmesituation eingeführt." Wenn ein politisches Gemeinwesen durch innere oder äußere Bedrohungen gefährdet ist, bilden moralische Bedenken eine untergeordnete Rolle. Not kennt kein Gebot. Man wird gezwungen (amoralisch) zu handeln. Zum Zwecke der Selbstbehauptung sind dann alle Mittel erlaubt.

Occasione – Gelegenheit „beschreibt den historischen Augenblick, den ein besonderer, tugendhafter Mann (uomo virtuoso) oder auch die Führungsschicht eines Staates zu nutzen verstehen muss, um sich als Gesetzgeber oder Feldherr auszuzeichnen."

Machiavellis Schrift *Discorsi* beschreibt den Aufbau und die Vorteile einer republikanischen Verfassung, während *Il Principe* sich mit Alleinherrschaft und den damit verbundenen machtpolitischen Überlegungen beschäftigt. Machiavellis Denken, insbesondere das des *Principe,* ... wird im Verlauf des 16. Jahrhunderts zum europäischen Kulturgut. Machiavellis Begriff der Staatsräson stand im 17. Jahrhundert „im Mittelpunkt der politischen Diskussion". Dabei griff man vielfach auf Tacitus zurück, da man so den verfemten Namen Machiavelli vermied. [147]

Wie verhalten sich Tiere in der täglichen Konkurrenzsituation?
Soll man / frau es als Nachtseite des Lebens betrachten, wie der Biologe Lyall Watson?
Als Naturgeschichte des Bösen?

---

[147] Otfried Höffe (Hrsg.): Niccolò Machiavelli: Der Fürst, S. 180; vgl. auch: August Buck: Machiavelli, S. 132.

Watson nennt drei Prinzipien:

- Tue Gutes den Nahestehenden.
- Tue Böses allen Andern.
- Betrüge, wo Du nur kannst.

Dies liest sich wie die Gebrauchsanleitung für Erfolgreiche. Im nahen Umfeld zeigen sie sich anerkennend und fürsorglich. Soziale und kulturelle Stiftungen mehren das öffentliche Ansehen.

Niccolò Machiavelli nannte bereits die absoluten Grenzen der Zumutbarkeit.
Doch wer diese allgemein gültigen Grenzen überschreitet,

➔ Schutzgeld erpresst und-oder Tribut oder gar Sex verlangt;
➔ sich an Dritten und-oder Andersgläubigen vergreift;
➔ entwürdigt, dämonisiert, terrorisiert und-oder gar tödlich bedroht;
➔ raubt, mordet und-oder gar schändet

wird unbändigen Hass säen und Hass oder gar Blutrache ernten.

Dass ganze Gruppen für Einzelne „die Kohlen aus dem Feuer holen" ist meist eine vertragliche Regelung; damit konnten auch die Weber noch auskommen.
Erst die Vortäuschung falscher Tatsachen, dass die Web-Arbeit kaum etwas wert sei, die Bezahlung der Arbeit mit Ware sowie Kungeleien und kartellartige Absprachen machten die Verleger reich und reicher und die Weber wirklich arm und ärmer.

Ephraim Kishon beschreibt das wie folgt:
„Die wirkliche Welt liegt tief unten. ...

Gewöhnliche Sterbliche haben keinen Zutritt zu dieser Welt. Sie ist ein exklusiver Club, dessen Mitglieder mit ein Paar ins Telephon geflüsterten Worten mehr Geld ergaunern, als unsereiner mit der Müh und Plage eines ganzen Lebens verdient.

Ich stelle mir vor, wie die Clubmitglieder über uns lachen, wie sehr es sie amüsiert, unsere angestrengte Geschäftigkeit zu beobachten, unsere krampfhaften Bemühungen um eine kleine Verbesserung unseres Lebens, einen kleinen Steuernachlass, eine kleine Pension. Natürlich zeigen sie ihr Amüsement nicht nach außen, nicht an der Oberwelt. Sie sind hervorragende Schauspieler und wissen uns mit eindrucksvollen Predigten über Gerechtigkeit und Moral in Bann zu schlagen. Aber hinter ihrer hochtrabenden Rhetorik steckt nichts als die Gier nach Geld und Macht." [148]

Es ist zu einfach das Streben nach Geld, Macht und Anerkennung generell als das Böse zu brandmarken.
Es ist auch nur eine subjektive Wahrheit. Vom Blickwinkel der Erfolgreichen hat es durchaus etwas Gutes an sich.

---

148 Aus Ephraim Kishon: „Beinahe die Wahrheit"

11.6 *Macht wozu?*

Wir haben oftmals die Wahl zwischen verschiedenen Möglichkeiten. Wir haben Macht. Warum und wozu nutzen wir sie?

*Handeln wir, **'weil'** das so verlangt und üblich ist?*
Dann sind wir gefällig, collectiv-conform, brave Mädchen oder nette Jungs. Wir geben anderen unsere Arbeitskraft, unser Können und Wissen, unsere Zuneigung, unsere Macht. Wir vertrauen auf unsere Partner, gehen davon aus, dass unsere Anerkennung mit derselben Anerkennung und Loyalität abgegolten wird. Wir vertrauen auf das Versprochene, trotz wiederholter Zeitarbeit auf einen sicheren Arbeitsplatz, den zugesagten Lohn, das soziale Netz, das uns im Krankheitsfall und im Alter absichern soll. Wir verlassen uns auf Andere, sie werden schon für uns sorgen. Notfalls vertrauen wir auf Gott, denn: 'Seid wie die Vögel. Sie säen nicht, sie ernten nicht, Gott erhält sie doch.' Was aber, wenn all diese Versprechen keinesfalls (mehr) eingehalten werden (können)? Dann werden wir bitter enttäuscht!

*Handeln wir, zielgerichtet **'um'** etwas zu erreichen?*
Dann wissen wir für wen und was wir uns einsetzen. Wir werden selbst Mächtige-Manager, anerkennenden Ammen, die ihren Nachwuchs mit allen Mitteln vor Gefahren beschützen, intuitiv-innovative Forscher oder subjektiv-selbstsüchtige Geschäftsleute. Unsere Persönlichkeit nutzt all ihre Fähigkeiten 'um' unsere Ziele zu erreichen. Ziele, die für uns gut und richtig sind, können sich bei Anderen nachteilig auswirken. Zielkonflikte sind die Folge.

Entscheide Dich! Es ist Dein Leben!

Ich entscheide, ob ich mich in die 'sichere Abhängigkeit' begebe, oder ob ich die 'risikoreiche Selbständigkeit' wähle:

In der '**sicheren Abhängigkeit**' sollte mir das Risiko klar sein, dass gegebene Zusagen von Zeit zu Zeit von mir kritisch darauf überprüft werden müssen, ob die Rahmenbedingungen noch stimmen und ob Aussicht besteht, dass gegebene Zusagen noch eingehalten werden (können). Denn ich habe mich mit Gedeih und Verderb vertrauensvoll Anderen ausgeliefert.
Mein Risiko: Ich bin mit Sicherheit abhängig!

In der '**risikoreichen Selbständigkeit**' kann ich Chancen und Risiken wesentlich früher erkennen. Ich bestimme die Produktpalette anhand dem was rentabel angeboten werden kann und gefragt ist. Ich bestimme wer meine Lieferanten, Mitarbeiter, Groß-Kunden, Berater und Banken sind.
Selbstständig ist und bleibt nur wer selbst (be)stehen kann!

Mein Risiko: Geldmangel und die meisten Insolvenzen entstehen vor Allem dadurch, dass ich mich zunehmend in die Abhängigkeit eines Lieferanten, eines Großabnehmers, eines Beraters oder einer Bank begebe. Viele Unternehmen verstricken sich dann irgendwann in (immer teurere) Abhängigkeit(en), werden immer mehr fremdbestimmt und sind am Schluss wirklich nur noch zum Schein selbständig. Verantwortlich dafür und die rechtlichen Folgen haftbar - im Sinne von haften müssen, haftpflichtig - bin allein ich als Geschäftsführer.

Ziel der Insolvenzordnung ist es eine möglichst frühzeitige Verfahrenseröffnung zu erreichen.

Als Geschäftsführer bin ich verpflichtet, einen Insolvenzantrag ohne schuldhaftes Zögern d.h. unverzüglich zu stellen.
66% der Geschäftsführer melden die Insolvenz zu spät an und fallen aus allen Wolken, wenn ihnen zum Schluss auch noch Insolvenzverschleppung vorgeworfen wird. [149]

Schildkröte oder Rennpferd?

Bin ich vom Typ her vorsichtig und behäbig wie eine Schildkröte? Oder bin ich eher ein ungestümes, ungeduldiges Rennpferd, das alles überrennt?
Wer hat mehr vom Leben?

- ➔ Gute Rennpferde erringen hohe Sieg-Prämien,
- ➔ behäbige Schildkröten leben länger.

[149] Eine Insolvenzverschleppung (früher Konkursverschleppung genannt) nach § 15a der Insolvenzordnung (InsO) liegt vor, wenn die Zahlungsunfähigkeit nach § 17 InsO oder die Überschuldung nach § 19 InsO gegeben ist. In diesem Fall ist der Geschäftsführer verpflichtet, ohne schuldhaftes Zögern d.h. unverzüglich einen Insolvenzantrag zu stellen. https://www.anwalt.de/rechtstipps/insolvenzverschleppung-der-geschaeftsfuehrer-melden-zu-spaet-an-und-bringen-sich-in-gefahr_022793.html und http://www.insoinfo.de/

12 Einstellungsgespräche

Viele Unternehmen machen es sich leicht und beschäftigen Empfohlene aus dem Bekanntenkreis.

Ihre Einladung zum Einstellungsgespräch sollten Sie als Bewerber(in) als Bonus für Ihren eventuell zukünftigen Arbeitgeber werten.
Einstellungsgespräche sind für Arbeitgeber sowie auch für Bewerber(innen) eine aufregende Sache.

Einstellungsgespräche sind die Sichtung der Angebote.

- ➔ Ich, als Bewerber, möchte meine Arbeitskraft bestmöglich verkaufen.
- ➔ Ich, als Unternehmer, kaufe mir die bestmögliche Arbeitskraft.

Dafür wird gegenseitig das im Moment Bestmögliche herausgesucht. Auch die Arbeitgeber sind aufgeregt und daran interessiert, dass durch diese Bewerbung etwas Brauchbares herauskommt.

12.1 *Sie wollen eingestellt werden?*

Wie werden Bewerber bewertet? [150]

1. Gefällt das äußere Erscheinungsbild: Kleidung, Stimme, Wortschatz?
2. Temperament und Auftreten: nervös-souverän, logische Argumentation?
3. Kenntnisse, Flexibilität: Ausbildung, Fortbildung, Führerschein,...
4. Persönliche Interessen: Mitglied in Organisationen, Funktion im Verein?
5. Gesamteindruck: aufrichtig, geregelte finanzielle Verhältnisse, bereit umzuziehen, Familie?

Abgelehnt werden üblicherweise Bewerber(innen) mit einem schlampig-ungepflegten oder auffällig-übergenauen Erscheinungsbild.

Die Kleidung muss angemessen, mindestens tragbar, die Gesamterscheinung gepflegt sein. Wichtig dabei ist, ob für die ausgeschriebene Stelle eine "Arbeitskraft" oder lediglich eine "Zierpflanze" gesucht wird.

Intolerantes, überhebliches und zu sicheres Auftreten ist mindestens genau so schädlich, wie Minderwertigkeitskomplexe, zaghaftes Auftreten oder übertriebene Schüchternheit. Überschwängliche Begeisterung ist genau so wenig gefragt wie Gemütsschwankungen oder mangelnde Begeisterung. Geschwätzige und Wirrköpfe haben es sicherlich genauso schwer wie Wortkarge die ausgeschriebene Stelle zu bekommen.

---

[150] Kotler Philip: Marketing-Management erschienen bei Schäffer-Poeschel, Stuttgart 1999

Das Auftreten sollte (einigermaßen) selbstsicher und überzeugend sein.

Die Begeisterung für die neue Aufgabe zeigt sich auch dadurch, dass die Bewerberin / der Bewerber weiß, welche Alleinstellungs-Merkmale das Unternehmen für sie / ihn hat.

Erst das logische Denken und die leicht verständliche sowie deutliche sprachliche Formulierungen ermöglichen gute Kommunikation.

Schlüsselantworten für eine Anstellung sind

- ➔ die Bereitschaft für die Weiterbildung
- ➔ das persönliche Interesse an Weiterbildung (auch in der Freizeit und auswärts)
- ➔ der Besitz eines Führerscheins
- ➔ die Bereitschaft (mit der Familie) umzuziehen
- ➔ der positive Gesamteindruck.

12.2 *Der Ängstliche*

Karpfen sind ängstlich besorgt [SC]

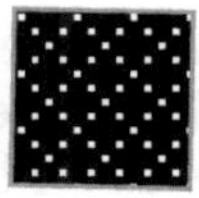

Karpfen sind mutlos und glauben, dass sich aus ihrem Tümpel kaum noch mehr herausholen lässt. Unzufrieden und schlecht gelaunt leben sie ständig in Angst, von dem Wenigen, was der Markt und die Welt bietet, zu wenig abzubekommen. [S]

Fehlendes Selbstvertrauen und das Unterschätzen der eigenen Fähigkeiten machen ängstlich und wenig schlagfertig.
Mutlos, bemoost und träge ziehen sie ihre Kreise.
Bei Auseinandersetzungen biedern sie sich an oder ergreifen (innerlich) die Flucht. [C]

Karpfen meiden Veränderungen.
Karpfen spielen nie. Sie sind Zicken, Miesmacher und Spielverderber. Sie ziehen Mutigere auf ihr Angst-betontes Niveau wieder herab.
Diese Griesgrämigen unterlaufen und blockieren so bereits jeden Hauch einer Neuerung.

12.3 *Der Habgierige*

Haie sind blutrünstig und habgierig [SM]

Auch die Haie sind überzeugt vom Mangel.
Damit sie davon verschont bleiben reißen sie alles an sich was sie bekommen.

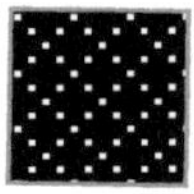

Gier ist ihre Treibfeder und verstärkt sich mit jedem Erfolg. [**S**]
Selbstbewusst bis überheblich, selbstgefällig und rechthaberisch. [**M**]

Meist sind dies Männer. Dagegen unterschätzen viele Frauen ihre Fähigkeiten und ihren Wert und halten sich unnötig zurück.

Habgierige anerkennen nur Mächtigere.

In Konfliktsituationen sind Haie überaus gefährlich und unberechenbar. Wenn sie eine Schwäche erkennen schlagen sie brutal und rücksichtslos zu.

Treffen Haie auf Karpfen färbt sich das Wasser rot vor Blut.
Für kurzfristige Erfolge bei den Umsätzen werden blutige Wunden bei Mitbewerbern und Kunden geschlagen.

12.4 *Liebenswerte*

Delfine sind liebenswert innovativ [MASICO]

Nach Jahren des Aufbaus und Mangels, in denen es leicht war neue hochwertige Ware zu verkaufen, folgt jetzt ein Überangebot nahezu gleichwertiger Waren. Dies erfordert auch ein anderes Verkäufer-Verhalten.

Delfine kämpfen nur, wenn es unvermeidbar ist. Sie meiden die Gesellschaft der Haie, ohne sie zu fürchten. Delfine können Haie töten.
Haie fürchten die Konsequenz - den tödlichen Rammstoß, der ihre Luftblase zerstört.

Delfine kooperieren, sind loyale Partner auf Gegenseitigkeit. Angriffe werden knallhart zurückgeschlagen. Darauf folgt wieder ein Kooperationsangebot.

Der loyale Kunde wird loyalen Partnern zugleich mehr abverlangen und mehr Hintergrund- und Erfahrungs-Wissen bieten.

Delfine und liebenswerte loyale Partner nutzen diesen Aufschwung für innovative Sprünge.

12.5 *Verkaufsargumente*

Was ist eigentlich anders an einer Immobilie als an einer Kristallvase?
Die offensichtliche Freude am Objekt. Der Lustgewinn, das zu besitzen. Gerade das orgiastische, kindliche Fühlen, das originelle Element [O] muss ich ansprechen, dann verkauft sich die Sache, egal ob Gebäude oder Vase, von selbst (Gesichtchen).

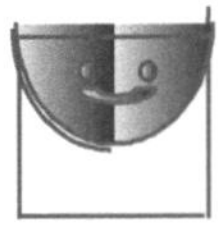

Da es sich beim Käufer einer Immobilie wahrscheinlich kaum um einen Dauerkunden handelt, brauche ich auf das schale Gefühl nach dem Kauf kaum Rücksicht nehmen: Ich darf den Neid ansprechen, das Collectiv-Conforme Verhalten [C]:
„Sie würden sich bestimmt ärgern, wenn ein anderer Interessent Ihnen dieses Objekt wegkauft! Denken Sie an die gute Verkehrsanbindung, Autobahn, Bahn, Regionalflughafen."

Den Intellekt [I] (Rhombus) muss ich ansprechen und das Subjektive [S] (punktiertes Rechteck):
"Dieses verkehrsgünstige Grundstück erhöht ihr Ansehen bei ihren Geschäftspartnern. Denken Sie auch an das gesunde Klima, die Berge, den weltberühmten Kurort, die Kultur, die hier gepflegt wird. Dies ist auch ein guter Ort für Treffen mit Geschäftsfreunden."
Vermeide das Wort Familie, jede / jeder Dritte lebt heute in Scheidung. Das weckt nur ungute Gefühle!

Die Verantwortung gegenüber seinen Geldgebern, das Anerkennende [A] (Dreieck) und das Mächtige [M] sind weitere Argumente:

"Dies hier ist sicherlich auch eine gute Kapitalanlage. Die Bausubstanz ist in ordentlichem Zustand, der Zuschnitt für eine Spedition oder eine Firma mit Warenumsatz bestens geeignet. Damit erschließen Sie sich den österreichischen und, aufgrund der besonderen Lage, auch den osteuropäischen Markt. Als Manager eines exportierenden Unternehmens würde ich diese Immobilie kaufen!"

Das sind meine Argumente. Ich bin vorbereitet.

13 Transaktion, Transaktionsanalyse

Mein Struktur-Modell kann noch mehr:

Bisher wurde mein Modell als zur Darstellung von Persönlichkeits-Strukturen benutzt. Doch mein Modell kann noch wesentlich mehr! Wir benutzen es nun für die Metaebene. Es wird uns zeigen, wie wir miteinander umgehen:

13.1 *Lineare Transaktion [=]*

Bei der einfachen oder linearen Transaktion [=] kommt die Antwort stets direkt aus der angesprochenen Strukturebene:

Zu Hause: Kranker Ehemann:
„Mama, machst Du mir einen Tee?"

 **O** **=** **A** 

Ehefrau, antwortet treusorgend:
„Hier, trink mal schön."

Der Ehemann [**O**] nutzt diese ein-eindeutig lineare Beziehung und das 'Kindchenschema' wahrscheinlich unbewusst:
Er ist in der Rolle des leidenden Kindes (trauriges Gesicht).
Seine Frau [**A**] reagiert darauf betüddelnd und versorgend wie eine Amme (Dreieck).

Im Büro: Ungeduldiger Chef:

„Wo bleibt der Kaffee?"

 **M** = **C** 

Sekretärin, cooperativ:

„Ich bringe ihn schon!"

Hier spielt sich der Chef als mächtiger Manager [**M**] auf. Seine Sekretärin antwortet zwar (noch) cooperativ [**C**] aber irgendwann wahrscheinlich lustlos, verärgert und gereizt.
Dann lässt sie ihn länger als nötig warten. 'Innere Kündigung' mit der Folge: Listiges Unterlaufen oder unwillige, verzögerte Ausführung der lästigen Tätigkeit.
Hier droht ein versteckter Machtkampf!
Der Übergang zu den anderen Formen ist fließend:

13.2 *Getarnte Transaktion [&]*

Manchmal will jemand etwas verschlüsselt, doppelbödig und auf verschlungenen Pfaden 'rüberbringen', was offen ausgesprochen unschicklich oder kompromittierend wäre. Dafür nutzen wir eine doppelbödige Transaktion. [&]

Partygespräch:
„Wollen Sie meine Briefmarkensammlung ansehen?" [I]

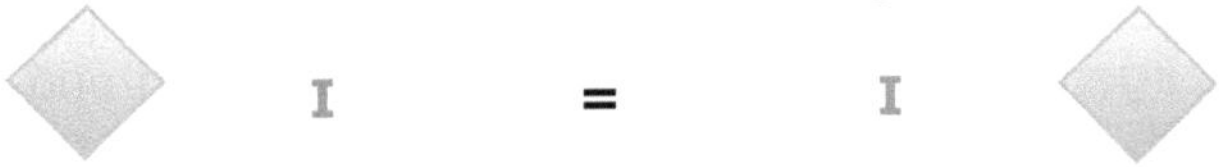

„Ich war schon immer an Briefmarkensammlungen interessiert!" [I]
Soweit ist das ein offenes Party-Gespräch.

Gleichzeitig läuft ein heimlicher Dialog !
Unterschwellig wird auf diese Weise, listig, subjektiv und egozentrisch etwas ganz anderes abgecheckt:
Getarnter Impuls: 'Kommst Du? Wir gehen zu mir.' [S]

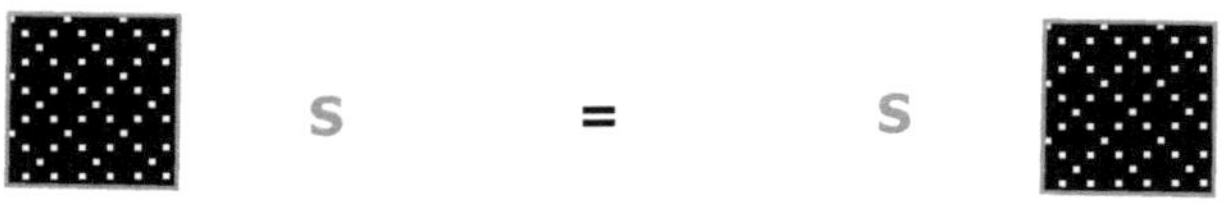

Getarnte Reaktion: 'Ich komme mit zu dir!' [S]
Nette Mädchen / Jungs gehen gern darauf ein.

13.3 Winkelzüge [<]

Die verzweigte Transaktion arbeitet mit Winkelzügen, indirekt, auf Umwegen:

Dieser Impuls bringt so Angesprochene in eine (scheinbare) Zwangslage und löst bei den Betroffenen einen inneren Dialog aus:
Die verzweigte Transaktion. [<]
Die Antwort kommt indirekt, über einen Umweg, aus der Gesprächsebene des (stillen) inneren Dialogs:
Verkaufsgespräche laufen oft so oder ähnlich ab:

„Nächste Woche erhalten wir neue Preislisten." [I]

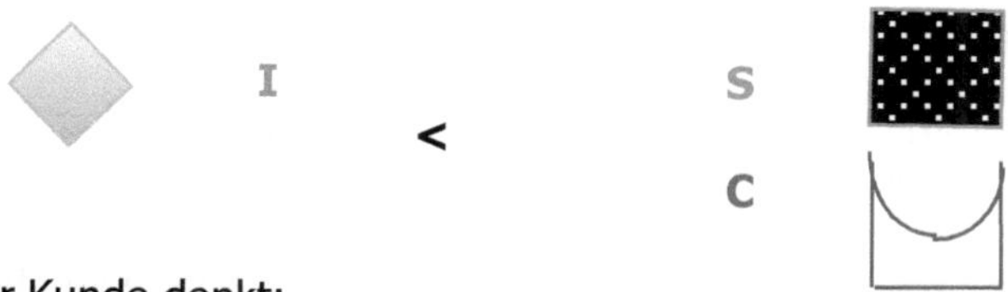

Der Kunde denkt:
'Oh, - dann wird wieder alles teurer!' [S]
„Gut ich kaufe jetzt, zu diesen Konditionen." [C]

Diese manipulierenden Winkelzüge [<] provozieren einen inneren Dialog zwischen [S] und [C]: Der Kunde ist (scheinbar) in einer verzwickten Situation. Er glaubt, dass er rasch handeln muss, bevor alles teurer wird.

So erreicht der Verkäufer sein (unausgesprochenes) subjektives Ziel elegant.

Wenn der Käufer wüsste, dass nächste Woche zwar neue Preislisten kommen, aber für ganz andere Waren ...!

Und was ist, wenn die Preise in der neuen Liste günstiger sind, weil derzeit Überangebot herrscht?

Viele Vorgesetzte nutzen diese verzweigte Transaktion:

Filialleiterin:
„Nächste Woche kommt Revision! Sie sollten ...“ [I]

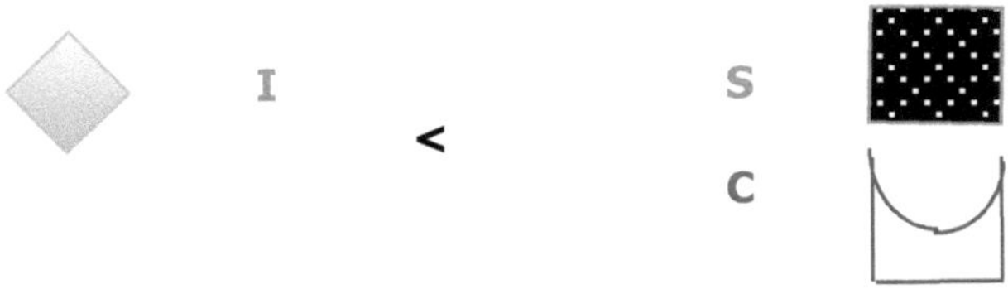

Die so Angesprochene denkt: 'Oh, dann ...' [S]
Angesprochene: „Ich erledige das.“ [C]

Die Vorgesetzte hat Ihr Ziel über den inneren Dialog und die verzweigte Transaktion [<] erreicht.

Wenn die Verkäuferin wüsste, dass zwar nächste Woche Revision angesagt ist, aber nur für die Warengruppe Y.

Und was ist, wenn der unvermeidliche Fehlbestand bei ihr geringer ausfällt, der Absatz bei ihr besser ist?
Würde sie dann ebenso conform handeln?

13.4 Überkreuz [X]

Wenn die Antwort aus anderen Strukturebenen, als den angesprochenen erfolgt, so ist das ein Sprengsatz und überraschender Angriff. Dann spricht die Transaktionsanalyse von einer überkreuzten Transaktion. [**X**]

<u>Im Büro:</u> Chef, verkatert:
„Bringen Sie mir eine Aspirin. Und - machen Sie mir einen Tee?" [**O**]

Sekretärin:
„Wie Sie wünschen, Chef!" [**C**]

Der Chef [**O**] ist in der Rolle des Leidenden (trauriges Gesichtchen) und möchte Versorgung [**A**] (Dreieck).

Seine Sekretärin antwortet lustlos cooperativ [**C**].
In dieser Zusammenstellung wirkt die Antwort ironisch!
Sie spricht in ihm den 'mächtigen Chef' [**M**] an.

Statt aus [**OA**], kommt die Impulsantwort aus einer anderen Strukturebene.
Die überraschende Antwort aus der Strukturebene [**MC**] ist im wahrsten Sinne des Wortes ein Kreuz [**X**] und ein Sprengsatz zugleich:
Die Folge ist ein, zumindest kurzzeitiger, Zusammenbruch des Gesprächs.

Er fühlt sich von seiner Sekretärin missverstanden, auf den Arm genommen, empfindet überrascht Ironie.
Vorsicht! Er reagiert nun möglicherweise als verärgerte Machtfigur [**M**].

<u>Zu Hause:</u> Ehemann, leidend:

„Mama, machst Du mir einen Tee?" [**O**] 

Ehefrau:

„Ich werde ihn dir schon bringen, Papa!" [**C**]

Der Ehemann [**O**] ist in der Rolle des Leidenden (trauriges Gesichtchen) und möchte Versorgung [**A**] (Dreieck).

Seine Ehefrau antwortet lustlos cooperativ [**C**].
In dieser Zusammenstellung wirkt die Antwort ironisch!
Sie spricht in ihm die 'mächtige Vaterfigur' [**M**] an.

Statt aus [**OA**], kommt auch hier die Antwort aus einer anderen Strukturebene.

Die überraschende Antwort aus der Strukturebene [**MC**] ist im wahrsten Sinne des Wortes ein Kreuz ein Kreuz [**X**] und ein Sprengsatz zugleich:
Die Folge ist ein, zumindest kurzzeitiger, Zusammenbruch des Gesprächs. Er fühlt sich von seiner Frau missverstanden, auf den Arm genommen, empfindet überrascht Ironie.
Vorsicht! Er reagiert möglicherweise als verärgerte Vaterfigur [**M**].

Mein Transaktions-Modell zeigt, dass die Gespräche beide Male wahrscheinlich mit einer Verstimmung enden.

Die überkreuzte Transaktion [**X**] ist ein sehr gefährlicher Sprengsatz, sowohl für den geschäftlichen als auch für den privaten Bereich!

Das Missverständnis eskaliert: Ursache ist möglicherweise ein innerer, unbefriedigender Dialog zwischen den Strukturebenen [**A**] und [**C**]: 'Schon wieder!' 'Immer ich!' 'Nie ist Ruhe!' 'Hol's der ... !'

Die negativen Gefühle verselbständigen sich und bleiben unausgesprochen im Raum.
Es folgt ein Machtkampf, Streit aus nichtigem Anlass!

13.5 *Das Beratungsgespräch*

„Dieses Kleid passt gut zu Ihnen.“ [I]
Die Kundin denkt:
'Alles andere war nichts!' [S]
Die Kundin wird wütend:
„Wollen Sie damit sagen … !“ [C]

Es war keineswegs abzusehen, dass die Kundin so reagiert. Die Impulsantwort ist abhängig von ihrer Grundeinstellung:
Kann sie sich, so wie sie sich empfindet, selbst akzeptieren, mit allen Stärken und Schwächen annehmen?
Statistiken behaupten:
8 von 10 Frauen sind mit ihrem Aussehen unzufrieden!

Hier ist das Selbstwertgefühl betroffen!
Ein innerer Dialog, anschließend folgt als Winkelzug die überraschend aggressive Impulsantwort aus einer anderen Strukturebene [<].
Es droht Missstimmung, Abbruch des Beratungsgespräches!

Hätte die Verkäuferin / der Verkäufer doch bloß gesagt:
„Oh! Dieses Kleid passt besonders gut zu Ihnen!“

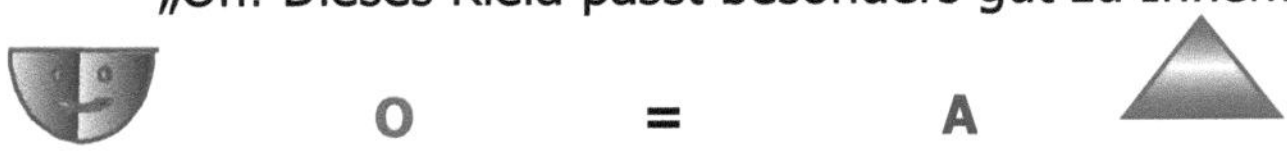

Ich kann zwar nie sicher sein, ob die Kundin auf diesen anerkennenden Ton eingeht. Meistens entwickelt sich so eine einfache, lineare, ein-eindeutige Transaktion [=]. Ich habe soeben einen großen Vorteil von meinem Modell entdeckt: Ich muss nur die Strukturebenen malen, die ich gerade benötige!

Die lustbetonte, kleinkindliche Freude [**O**] etwas ergattert zu haben, 'chic' [**C**] zu sein, ist weit mehr Kaufanreiz als das Intellektuelle [**I**], das Gewinnstreben [**S**] oder der Hinweis, dass dies praktisch und vielseitig anwendbar [**A**] oder derzeit das ist, was der Mode [**M**] entspricht.

'Die moderne Frau trägt ...'
Die Beraterin hat Glück, wenn sie mit diesem Satz auf ein Collectiv-Conformes, cooperatives Käuferverhalten trifft [**C**].

Die innere Unzufriedenheit ist der häufigste Grund, warum die Kundin wegbleibt. Die Rabatte schindenden 'besseren Kreise' sind eine stetige Gefahr für unsere Preisstruktur!

13.6 *Will ich mich ärgern?*

Ein Gewitter reinigt die Luft. Die Wut 'rauslassen', sich abreagieren sei das beste Mittel um Spannungen abzubauen. So hieß es und wurde lange so praktiziert. Aber muss es gleich ein Gewitter sein? Dabei werden unheimlich große Mengen an Energie frei, Energie die möglicherweise unerwünschte Sach- und Personenschäden auslöst! Das in der Wut gebrauchte Wort kann wie der Blitz sein, der zum allgemeinen Entsetzen, plötzlich ein lange unbeachtetes Munitionslager mit vergessenem Sprengstoff entzündet. Ein solcher Spreng-Satz kann schlagartig Sympathien und Freundschaften zerstören! Dabei tut es neun von zehn der Wutentbrannten nachher leid, dass sie so aus der Haut gefahren sind, dass sie 'blind vor Wut' handelten und etwas Wichtiges missachteten, und sie ärgern sich. Später sind sie zornig, weil sie sich selbst noch immer ärgern. Sie zürnen / ärgern sich!
Wie viel Neues könnte mit demselben Energieaufwand geschaffen werden? In fast vier von fünf Fällen war es die Sache keineswegs wert sich so aufzuregen. Bei jeder Situation habe ich die Wahl: Gelassenheit oder Ärger.

Will ich mich ärgern?
Nein! Stopp!
Sobald Zorn aufkeimt unterbreche ich:
„Habe ich Sie richtig verstanden, Sie ..."

Oft genug wird doch etwas missverstanden!
„Könnten Sie mir das bitte nochmals und etwas genauer sagen? "
Sachlich, denn: Es wird nie so heiß gegessen wie gekocht! „Sie wollen also ..."

Ich-Form
Ich sage, was ich höre, sehe und empfinde:
„Ich höre...."
„Ich fühle mich... ."

Körpersignale

- ➔ Ich straffe die Muskeln, balle die Fäuste,
- ➔ runzele die Stirn, atme tief ein.
- ➔ Ich zähle innerlich auf 10, entspanne mich beim Ausatmen.

Bringen Sie sachliche Lösungsvorschläge ein.
„Wäre es eine Lösung, wenn wir in Zukunft, ...?"
„Sehen Sie noch andere Möglichkeiten ...?"
Gemeinsam Lösung erarbeiten.
„Bis wir eine bessere Lösung finden ..."
Kompromiss vorschlagen / anordnen.

Höflich und gelassen bleiben und ausreden lassen.
Wer andere zum Frieden, zur 'political correctness' oder allgemein zur Harmonie zwingt, verdrängt die Probleme!

Bei einer unvollständigen Aussprache bleiben Aggressionen. Es bleibt vergessener Sprengstoff zurück, dieser liegt dann wie die Blindgänger aus dem 2. Weltkrieg unbeachtet im Boden oder wurde irgendwo meist unbeachtet zwischengelagert.
Irgendwann wird offen und unverblümt "Tacheles" geredet. Meist, wenn wir es am Wenigsten brauchen können stolpert jemand über dieses alte (vergessene) "Munitionslager".
Eine falsche Bewegung, ein kleiner Funke, dann explodiert diese gesammelte Ladung, der aufgestaute Ärger, schlagartig!
Die Wirkung ist verheerend!

13.7 *Kritikgespräch*

Das Kritikgespräch ist ein besonderes Beratungsgespräch:

Immer wieder ergeben sich kritikwürdige Zustände: unaufgeräumte Werkstätten, schlampig geführte Ablagen, oder kritikwürdiges Verhalten.

Wichtig dabei ist, zu erkennen aus welcher Position Kritik geübt wird: Spielt frau / man dabei die Rolle des 'Anerkennenden' [**A**] oder die des 'Mächtigen' [**M**]? Dabei kann es durchaus geschehen, dass Andere noch nichts Kritikwürdiges am derzeitigen Zustand erkennen: „Es war doch schon immer so!"

Kritikgespräche

- ➔ finden unter vier Augen statt,
- ➔ erfolgen ohne Zeitdruck, denn sie benötigen Ruhe und Gelassenheit,
- ➔ respektieren den Gesprächspartner als Person,
- ➔ üben sachliche Kritik.

Empfohlener Gesprächsablauf:

- ➔ Aufbau eines positiven Kontaktes,
- ➔ freundliche Begrüßung (auch wenn der Anlass zum Heulen und das Gegenüber unhöflich ist).
- ➔ Tagesordnung / Anlass des Gespräches vorab ankündigen: „Würden Sie bitte wegen ... zu mir kommen."
- ➔ „Danke, dass Sie sofort / pünktlich gekommen sind. Ich habe festgestellt, ... erfahren, dass ..."
- ➔ Gegendarstellung der/des Betroffenen zulassen.
- ➔ Problem bewusst machen.

- ➔ Erwünschtes aufzeigen, angetroffenen Zustand damit vergleichen.
- ➔ Wichtig ist das gemeinsame Suchen des Lösungsweges, weil nur so Akzeptanz für die Lösung des Problems bei den Betroffenen entsteht!
- ➔ „Ich verlasse mich auf Sie."
- ➔ Vertrauensvolle Verabschiedung.
- ➔ Vermerk in Terminplaner,
- ➔ Zusagen und Versprechen konsequent einhalten und einfordern, fristgerechte Erfolgskontrolle.
- ➔ Dank und sofortige Anerkennung!

13.8 *Das Anerkennungsgespräch, motiviert!*

Der falsche Zeitpunkt, zu spät, vor Kollegen, so nebenbei, gleichzeitig andere Mitteilungen, Übertreibungen und Einschränkungen, Ironie und Spott wirken entwürdigend.

- „Übrigens,..." - Anerkennung, so nebenbei. -
- „Nicht schlecht!" - Doppelte Verneinung [151] -
- „Eigentlich hätte ich das Ihnen nicht zugetraut, aber ..." - Anerkennung mit Einschränkung -
- „Sind Sie privat auch so tüchtig?" - Anerkennung verbunden mit plumper Vertraulichkeit -
- „Da sie das so gut hingekriegt haben, können Sie gleich ... mit erledigen." - Mehrarbeit -

Das Anerkennungsgespräch ist die natürliche Folge eines erfolgreichen Kritikgespräches. Lob ist sachliche und persönliche Anerkennung. Lob fördert die Identifikation mit der Arbeit und mit dem Betrieb.
Um überhaupt wirksam zu sein, sollte das Anerkennungsgespräch bestimmte Kriterien erfüllen:

Anerkennungsgespräche

- ➔ finden unter vier Augen statt,
- ➔ erfolgen sofort,
- ➔ angemessen,
- ➔ ernsthaft,
- ➔ überbringen Dank, sachliche und persönliche Anerkennung.

[151] "Nicht" ist bildlich kaum darstellbar. Das Unterbewusstsein arbeitet mit Bildern und macht aus "Nicht schlecht" deshalb nur "Schlecht".

14 Der Weg ist das Ziel

Unglückliche frieren im Anblick der Schatten,
Glückliche spüren Wärme
und erfreuen sich am Licht.
Unglückliche glauben es nicht,
dass im gleichen Augenblick
beide die gleichen Chancen hatten:
Denn es war nur
ein kleiner Schritt
vom Schatten
ans Licht.

Ed Siedler

14.1 *Bedenken Sie stets: Vieles ist Ansichtssache!*

Wenn frau / man voll Angst bei seinem/seiner Chef/in erscheint, dann ist oft bereits ein innerer Dialog dieser Art abgelaufen:
'Was will der / die von mir?'
Dabei sind gerade diese Verängstigten besonders wertvollere Mitarbeiter: Diese wollen ihre Arbeit richtig machen. Diese sind loyal und brauchen Ihre Loyalität!

Nutzen Sie Ihre Chance: Machen Sie den ersten Schritt und stellen Sie die bisherigen Leistungen ins richtige Licht! Der Stein des Anstoßes auf dem gemeinsamem Weg lässt sich dann viel leichter ausräumen.

Noch viel zu oft pervertiert das Gespräch unter dieser unnötigen Angst.

Gründe für dieses Verhalten sind beispielsweise zu seltene (Anerkennungs-)Gespräche.

Auch die persönliche (schriftliche Einladung mit) Nennung des Gesprächsthemas ist eine partnerschaftliche Geste und zugleich Vertrauen-bildende-Maßnahme. Sie dient der raschen Gesprächsabwicklung.

14.2 *Erwartungen an Berater/innen:*

Die Beraterin/Der Berater

- ➔ ... soll eine freundliche Atmosphäre schaffen.
- ➔ ... soll einen Platz anbieten.
- ➔ ... soll sich Zeit lassen.
- ➔ ... soll auch zuhören können.
- ➔ ... soll den Gesprächspartner als Gesprächspartner anerkennen.
- ➔ ... soll Anderes/Ungewohntes vorurteilsfrei in ihre/seine Argumentation einbauen.
- ➔ ... soll andere Problemlösungen zulassen.

Dies erfordert das Annehmen des Gesprächspartners, ernst nehmen des Anliegens, akzeptieren, Einfühlungsvermögen.
Vertrauen aufbauen durch Feedback und Rückfragen:
'Habe ich sie richtig verstanden, Sie ... '
Begründete alternative Vorschläge ausarbeiten und konkrete Vorschläge unterbreiten.
Die Beraterin sollte klar ihren Standpunkt formulieren können. Wenn eine Beraterin oder ein Berater mit der Kundin 'spielt', dann wird diese irgendwie unzufrieden sein. Auch wenn diese List das erste Mal unbemerkt bleibt, irgendwann fühlt sie sich 'auf den Arm genommen'. Folge: Sie bleibt weg!
Manche Verkäufer erzielen hervorragende Anfangserfolge. Die Anschlussaufträge bleiben plötzlich aus, der Kunde merkt, dass er in die Maschen geraten ist, fühlt sich eingeengt, eingewickelt wie in einem Spinnennetz!

14.3 *Die Zuwendung ist entscheidend:*

Die Zuwendung ist
- → bedingungslos positiv: *„Ich mag Dich!"*
- → bedingt positiv:
  „Ich mag Dich als Gesprächspartner."
- → bedingt negativ:
  „Ich bin unglücklich, wenn Du schreist."
- → unbedingt negativ: *„Du bist eine Null!"*

Keine Zuwendung ist tödlich!

14.4 *Die Selbstoffenbarung*

Die Akzeptanz hängt von der jeweiligen persönlichen Grundeinstellung ab:

- 'Ich akzeptiere niemand, weder Dich noch mich!'

Dieser Satz kennzeichnet die katastrophale negative Einstellung von 'Verlierern'.

- 'Ich akzeptiere (nur) mich.'

Beruht auf einer beziehungsgestörten Grundhaltung und führt in die Isolation.

- 'Ich anerkenne (nur) Dich.'

Depressive Abhängigkeit, hilflos und verzweifelt.

ok	ok	positiv
ok		\
	ok	/
		negativ

- → 'Ich anerkenne mich und akzeptiere Dich.'

Gesunde Einstellung von 'Gewinnern'.

Anerkennen und akzeptieren:
Leistung, Meinung, Gefühle und Bedürfnisse gegenseitig gelten lassen, achten und tolerieren.

14.5 ***Ausgegrenzt, so entsteht Mobbing***

„Na, hatte der Friseur wenigstens ein gutes Parfum?" Das war ein witziger Kommentar zu meinen Lasten. Sie lassen es mich spüren, dass sie arbeiten mussten, während ich mit Henriette beim Friseur war.
Die Projektgruppe ist zu ihrer Tagesordnung übergegangen. Ich werde übersehen, übergangen, meine Frage überhört. Mein fragender Blick ringsum erhascht noch ein vielsagendes Grinsen und ein Schulterzucken. Verächtlich, was will denn die jetzt?
Ein neues Klima herrscht hier plötzlich. Bös, bissig, feindlich. Einesteils kann ich es ja verstehen: Sie sind neidisch auf mich, weil ich mit unserer Chefin Henriette offenbar sehr viel gemein habe. Das Verhalten meiner neuen Kollegen, und vor allem Bernd, tut mir weh!

Die Antworten kommen alle aus einer anderen Ebene. Und dieser ständige Wechsel der Gesprächsebene, diese Winkelzüge [**>**] sind erst der Beginn.

Entsteht so Mobbing?

Hier hat sich mein Appell an die Mitverantwortung gegenüber Kolleginnen und Kollegen [**A**] eine klare Abfuhr geholt.
Mein Impuls wurde durch die bestimmte Reaktion von Bernd [**M**] abgewürgt: „Die werden mitziehen!"
Meine Bitte um Information [**I**], wie sie das handhaben wollen, wird mit Themenwechsel und einem persönlichen Angriff beantwortet.
Ihr Verhalten erscheint mir subjektiv egozentrisch [**S**]: 'Wir wissens!'
Ich bin unglücklich, wütend schlucke ich meine Tränen [**O**]. Die Mobbingsituation wird verstärkt durch das conforme Gruppenverhalten [**C**] und hämisches Grinsen.

Ich selbst erlebe mich nacheinander fürsorglich [**A**], informativ [**I**] und dann unglücklich oder wütend [**O**]. Die anderen der Projektgruppe wechseln ebenfalls nacheinander die aktiven Strukturebenen, von mächtig [**M**] über selbstsüchtig [**S**] zu einem conformen, mich ausgrenzenden, Gruppenverhalten [**C**].

Ich könnte jetzt wieder von vorn anfangen und wieder meine drei Ebenen durchleben [**A**] - [**I**] - [**O**], wieder und wieder. Als Antwort käme wahrscheinlich [**M**] - [**S**] - [**C**] in immer neuen Varianten.
Mit anderen Worten, eine Triangulation [.:], das sich ständig wiederholende Spiel im Retter-Verfolger-Opfer-Dreieck.
Opfer sind die, die solche Spiele mitspielen!
Ist das Mobbing? Beginnt das so? Ja.

Ich wiederhole laut meine Frage:
„Wie sollen wir das an unsere Mitarbeiterinnen weitergeben? Wie wollt ihr das machen, dass die mitziehen?"
„Das wird schon."

„Wie?"
„Wir haben es doch ausführlich erklärt."
„Ich habe das aber nicht verstanden."
„Ja, wenn die Frisur wichtiger ist."
„Hast Du der Chefin schon was abgelehnt?"
Wütend stehe ich vor Bernd.
„Ich will wissen, wie das gehen soll. Ziehen unsere Mitarbeiterinnen mit?"
Schulterzucken, nichts als Schulterzucken.
„Was nutzen eure Berechnungen, wenn die Leute streiken? Was?"
Die Tür patscht hinter mir ins Schloss.
Ich finde mich vor dem Spiegel im WC wieder.
Ich bin ausgerastet.
Was hat mich so wütend gemacht?
Bernd war es nicht. Nicht?
Bernd.
Ein nette Wort zu meiner neuen Frisur, das wäre schön gewesen. Das mit dem Friseur empfand ich gemein.
War das eine verdeckte, anguläre Transaktion? Ja.
Ich bin jedenfalls verstimmt.

Es war eine der Situationen aus der unbemerkt Mobbing entsteht. In diesem Fall war das Mobbingopfer ich.

Ich erfuhr in dieser Situation, dass sich alle Kolleginnen und Kollegen, plötzlich gegen mich stellten. Die Projektgruppe hatte ohne mich weiterarbeiten müssen. Im inneren Dialog der Gruppe kam Neid und Missgunst auf. 'Cosima darf sich das erlauben, weil ...'
Dabei ist es vollkommen egal, ob die geäußerten Gerüchte überhaupt zutreffend sind. Es werden Gefühle gegen Cosima laut, eine Front gegen sie aufgebaut.

Besonders schwierig wird die Situation, wenn die/der Betroffene besonderes persönliches Interesse an einer der Personen hat. Dann ist frau / man schutzlos den Angriffen ausgesetzt, wer will schon seinem 'Schwarm' weh tun?

Der Projektleiter Bernd ist mit Schuld:
Seine Menschenführung, sein projektfixiertes Denken, strukturelle Probleme und unklare Kompetenzen, außerdem wächst der Druck durch unklare Zielvorgaben und plötzlich vorgezogene Termine.
Mindestens 10% aller Selbstmorde lassen sich auf Probleme am Arbeitsplatz zurückführen.

14.6 ***Burnt out***

Viele Arbeitnehmer/innen gelten heute bereits mit vierzig Jahren als 'ausgebrannt'.
Wo sind die Gründe für diesen Effekt zu suchen?

Manche Menschen zeigen eine bemerkenswerte Belastbarkeit: Die Stressresilienz gegenüber widrigen Umständen scheint vererbbar zu sein.

Es ist heutzutage unbestritten, dass akute traumatische Erfahrungen oder chronischer Stress maßgeblich an der Entstehung von Depressionen beteiligt sind.
Möglicherweise erhöhen Traumata über Genschalter die Anfälligkeit der Kinder gegenüber Angst und Stress.

Stress und die von ihr ausgelöste Depression, beeinträchtigen weltweit mehr als einer Milliarde Menschen. Betroffen sind vor allem Soldaten, Polizisten und andere Mitarbeiter/innen aus sozialen Berufen, aber auch Ingenieure, Chemiker und hochwertige Spezialisten.

Auffällig dabei:
Es sind weniger die Machtbewussten, Selbstsüchtigen und Collectiv-Conformen [**MSC**].

Meistens sind es verantwortungsbewusste, innovative und originelle Persönlichkeiten [**AIO**], die unter dem Leistungsdruck der Gesellschaft/des Unternehmens deprimiert zerbrechen.

Statt Anerkennung und Mitverantwortung [**A**] erlebten sie zu oft ein unzufriedenes

Management das (plötzlich?) keinerlei Loyalität mehr zeigt.

Egal wie hoch der innovative Einsatz [**I**] und der finanzielle Nutzen der Gesamtleistung für die Gesellschaft/das Unternehmen (bisher) ist, frau / man wird enttäuscht [**O**]:

Der Dank der Gesellschaft ist uns gewiss: Häufig wird er uns ewig nachschleichen und uns nie erreichen!

Stattdessen erleben sie
Machtspielchen [**M**],

sehen Raffgier und
subjektive Selbstsucht [**S**]

und erfahren (widerwillig) ihre
eigene altruistische Conformität [**C**].

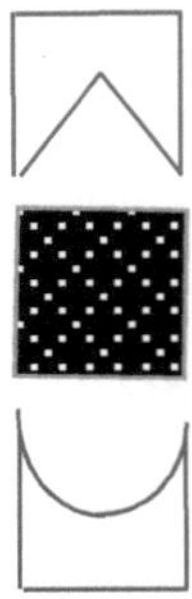

14.7 *Stress und Persönlichkeit*

Mobbing ist ständiger Stress, Burn-out tiefgreifende Enttäuschung.
Die Situations-Analyse zeigt die Wirkung von Stress auf die Persönlichkeitsstruktur:

Das Management erhöht die Anforderungen:
"Systembedingte Anforderungen und systembedingter Druck steigen stetig."

Anerkennung und Fürsorge wird stetig geringer.

Unter weiterem (finanziellen) Druck entsteht Angst.

Aussichten: Schlecht.
Gefahr: Aggression oder Depression

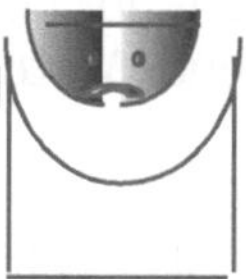

Gesundheit, Zufriedenheit und Selbstwertgefühl leiden noch mehr.
Kurzschluss: Sehe keine Zukunft mehr.

Erwartet wird Collectiv-Conformes, sozial angepasstes Verhalten.
Funktionieren fällt immer schwerer,
die sozialen Spannungen steigen stetig.

14.8 *Die Angst*

Die Angst war ursprünglich eine sinnvolle Schutzreaktion unseres Körpers gegenüber allem Neuen. Angst beginnt bei der subjektiven Informationsbearbeitung.
Angst ist allgemein und unbestimmt im Gegensatz zur Furcht:
Ich fürchte mich vor Hunden, weil ich als Kind gebissen wurde.

Aber:
Ich ängstige mich (allgemein und unbestimmt).

Die Angst kann unter unseren engen zivilisatorisch bedingten Lebensbedingungen eine verinnerlichte destruktive Macht werden, die sich gegen den Einzelnen und gegen das Leben im Ganzen wendet.

Mindestens jede(r) Vierte in unserer Gesellschaft leidet an Krankheit-verursachender und krankhafter Angst.[152]

Hier einige Beispiele von massiver öffentlicher Kritik, öffentlich gewordener Maßregelung sowie Androhung und-oder Durchsetzung von Partei-Ausschlüssen auf öffentliche Äußerungen, ohne Anspruch auf Vollzähligkeit und Wertung:

2001
Oskar Lafontaine (SPD), heute bei "Die Linke" [153]

2004
Martin Hohmann (CDU), Parteiausschluss wegen 'seiner antisemitischen Rede'. Er ist heute bei der AfD.

---

152 Dr. med. Klaus Mohr: Auflösung der Angst

153 https://www.welt.de/print-welt/article466726/SPD-Politiker-drohen-Ex-Chef-Lafontaine-mit-Parteiausschluss.html

2006
Gabriele Pauli (CSU) wegen ihrer Angriffe auf Ministerpräsident Edmund Stoiber [154]

2010 / 2020
Thilo Sarrazin (SPD) *"Einwanderer-Community droht Schaden zu nehmen"* [155] [156]

2013
Siegfried Kauder (CDU), weil er bei der Bundestagswahl als Einzelbewerber gegen den offiziellen CDU-Kandidaten antrat. [157]

2019
Hans-Georg Maaßen (CDU) wurde wegen seiner Äußerungen versetzt. [158]

2019
Doris von Sayn-Wittgenstein (AfD) [159]

---

[154] https://www.stern.de/politik/deutschland/parteiausschlussverfahren-so-funktioniert-der-rauswurf-3227406.html

[155] https://www.tagesspiegel.de/politik/parteiausschluss-von-thilo-sarrazin-ein-provokateur-der-immer-weniger-spaltet/25466124.html
https://www.welt.de/politik/article205276245/Thilo-Sarrazin-SPD-Parteiausschluss-rueckt-naeher.html

[156] https://www.spiegel.de/politik/deutschland/sarrazin-juedischer-genosse-verlaesst-aus-protest-die-spd-a-758942.html
https://www.zeit.de/politik/deutschland/2020-01/lars-klingbeil-thilo-sarrazin-spd-parteiausschluss

[157] https://www.tagesschau.de/inland/parteiausschluss-cdu-101.html

[158] https://www.tagesschau.de/inland/cdu-maassen-diskussion-101.html

https://www.newsdeutschland.com/video/20190817/128744/Kramp-Karrenbauer-bringt-CDU-Ausschluss-von-Maa%C3%9Fen-ins.htm

[159] https://www.zeit.de/politik/deutschland/2019-08/parteiausschluss-afd-schleswig-holstein-bundesvorstand-landesvorsitzende-doris-von-sayn-wittgenstein

2020
CDU-Krise in Thüringen [160]

2020
Wolfgang Gedeon (AfD) verwendete die *„Protokolle der Weisen von Zion"* als Quelle [161]

2020
Dirk Spaniel (AfD), Björn Höcke sowie Andreas Kalbitz, 'rechtsradikaler Flügel' [162] [163]

2020
Tom Radtke (Die Linke) 'Klimaholocaust' [164]

2020
Boris Palmer (Die Grünen) Mit seinen Äußerungen spalte er die Gesellschaft,... [165]

---

160 https://www.tagesschau.de/inland/parteiausschluss-101.html

161 https://www.faz.net/aktuell/politik/antisemitismus-in-der-afd-das-judentum-als-innerer-feind-14302508.html?printPagedArticle=true#pageIndex_2
https://www.zeit.de/politik/deutschland/2020-03/afd-antisemitismus-wolfgang-gedeon-austritt

162 https://www.zeit.de/politik/deutschland/2020-01/baden-wuerttemberg-afd-dirk-spaniel-sonderparteitag-gutachten-parteiausschluss

163 https://www.zeit.de/hamburg/2020-03/afd-fluegel-aufloesung-joern-kruse-hamburg/komplettansicht

164 https://www.zeit.de/politik/deutschland/2020-01/die-linke-holocaust-relativierung-vergleich-tom-radtke-politiker-klimawandel-vergleich

165 https://www.merkur.de/politik/boris-palmer-coronavirus-parteiausschluss-todesfaelle-baden-wuerttemberg-tuebingen-deutschland-gruene-ob-zr-13734537.html
https://www.zeit.de/politik/deutschland/2020-05/aeusserungen-corona-massnahmen-boris-palmer-parteiausschluss-gruene

Allzu leichtfertig wurden und werden etwa Kritiker der Flüchtlingspolitik der Bundesregierung von der politischen und medialen Elite als rechtsradikal diffamiert.

'Wir brauchen eine bessere demokratische Streitkultur,
die die Emotionen anspricht,
ohne unsachlich zu werden.' [166] [167]

Politische Diskussionen enden dort, wo Strafgesetze die persönliche Meinung begrenzen.
Die sogenannten '*Meinungsstraftaten*' wie Beleidigung, Üble Nachrede, Verleumdung werden in Deutschland mit den §§ 185, 186, 187 StGB und weitere mit den §§ 188, 189, 130, 131, 140, 153, 164 und 166 StGB verfolgt.
Die öffentliche Meinung wird in Deutschland durch diese 11 Paragraphen im Strafgesetzbuch reguliert und strafbewehrt begrenzt.

Anhand der Fülle der §§ und deren Geltung entsteht ein großer Bereich der Unsicherheit, ob man sich noch mit seiner unbedachten Äußerung rechtskonform verhält.

Neurotische Angst ist die Ursache der Entstehung und der Beibehaltung zivilisatorischer Fehlentwicklungen.
Sie ist eine collective Leidenschaft die zu Ersatz- und Vermeidungsverhaltens-Mustern verführt, die Angst, Kummer und Leiden schaffen und erhalten.
Sie ist wie die Eifersucht lähmend und erregend zugleich: eine äußerst quälende, alle anderen Kräfte verzehrende Sucht.

---

[166] https://de.richarddawkins.net/articles/kirchenkritiker-als-rechtsradikale-verleumdet 11. Okt. 2016

[167] https://www.stoiber.de/tag/cdu/ Der Beitrag Mehr Mut zur politischen Auseinandersetzung wurde am 7. Juni 2016 in Bayern veröffentlicht.

Gerade wegen unserem großem Wissen, um die vielen Gefahren die tagtäglich von den Medien als Sensationen verbreitet werden, und trotz aller Versicherungen und Beschwichtigungen ist unser Verhalten geprägt von Angst um Ansehen, den Arbeitsplatz, Not und Tod.

Warum sollen persönliche Schwächen und Vorlieben keinesfalls offenbar werden?

Wer versucht Angst zu unterdrücken, benimmt sich wie Don Quichotte. Versuchen Sie einmal im Bad ständig gleichzeitig mehrere Bälle unter Wasser zu halten. Sie werden hinfort vollauf damit beschäftigt sein zu verhindern, dass doch ein Ball über der Wasseroberfläche auftaucht. Verdrängte Ängste verhalten sich ähnlich:
Sie binden dauerhaft Kräfte für ein meist sinnloses Ersatz- und Vermeidungsverhalten.

Warum sich verhalten wie jener Stadtbüttel, der jedes Mal, wenn er zum Bürgermeister gerufen wurde um dort die neuesten Bekanntmachungen entgegenzunehmen seine Brille vergaß? Er ließ sich den Zettel geben mit den städtischen Nachrichten, die er bekanntmachen sollte und ging nach Hause: *'Die Brille holen'.*
Dort las ihm seine Tochter die Bekanntmachung so lange vor, bis er sie auswendig vortragen konnte.
Danach ging er seine Runde, holte seine Brille heraus, rückte sie auf seiner Nase zurecht und *'las'* die Bekanntmachung vor.
Die alteingesessenen Bürger der Stadt und wir Schüler wussten alle, dass er keineswegs lesen konnte:

Zu oft hatte er während seiner Runde die Bekanntmachungen verkehrt in der Hand !

Aber gerade sein zwanghaftes Vermeiden, sein nicht Zugeben können, dass er gar nicht lesen kann, machte ihn zu seiner weithin bekannten, heimlich belächelten und bemitleideten Büttel-Persönlichkeit.

Angst löst sich durch

- ➔ Akzeptieren und Zugeben können des Gegebenen und der Vorgeschichte
- ➔ Lebenslust, Liebe des Selbst und der Mitwelt
- ➔ Aktive Veränderung der zerstörerischen Kräfte, so gut und gewaltfrei wie möglich
- ➔ Abstand, Schaffung neuer Wertmaßstäbe
- ➔ umfassendere Wahrnehmung der Gefahren und der Chancen einer Krise
- ➔ Knüpfen sozialer und ökologischer Beziehungsnetzwerke
- ➔ Aufbau bescheidener, verantwortlicher Lebenskonzepte

Der Versuch die folgenden (scheinbaren) Widersprüche zu umgehen macht Angst:

- ◆ Nur (körperliche) Anspannung ermöglicht Entspannung,
- ◆ nur akzeptierte und durchlebte Angst macht frei von Angst,
- ◆ nur aus der persönlichen Herausforderung wird persönliches Lebensglück.

Betrachten Sie Angst-Träume wie einen Krimi:
Immer nur gefällige Filme, das wäre ja fad!
Lassen Sie den Traum-Tiger, der sie ängstigt, ruhig auf Sie zukommen. Auch er braucht Zuneigung.
Nehmen Sie ihn an seinen Plüsch-Ohren, geben Sie ihm ein Küsschen auf seine Schnauze. Er wird gern wieder kommen, aber Sie nie mehr über Gebühr ängstigen!

14.9 *Bewältigung von beängstigenden Situationen:*

Was belastet mich?
Berufstypischer, systembedingter Stress und immer häufiger und stärker auftretenden stressenden und vom Stress abhängigen Erkrankungen:
Kopfschmerz, Rückenschmerzen, Angstzustände, Schlafstörungen, Angina pectoris, Bluthochdruck, Atemwegserkrankungen, Virusinfekte, mangelnde Belastbarkeit, Depression,...

Zieldefinition: Was will ich?
"Du musst damit leben; mach es wenigstens Dir recht. Auch dann, wenn die Umwelt und-oder die herrschende Moral etwas Anderes erwartet: Der Herr gab Dir einen Kopf zum Denken." [168]
Vermeiden Sie (bleibende) gesundheitlichen Schäden. Es gibt Alternativen! Was kann ich tun? Systematischer Stressabbau zum Beispiel durch Wechsel des Arbeitsplatzes. Berücksichtigung von Konsequenzen. Was könnte passieren? Wenn ich so weiter mache, dann werden diese Erkrankungen für mich chronisch/tödlich!

Treffen von Entscheidungen.
Wie entscheide ich mich? Ich möchte meine Rest-Gesundheit für mein weiteres Leben erhalten/wieder gesund werden. Handlungs-Ausführung: Handle jetzt! Ich schaue mich nach einer leichteren Tätigkeit um und nehme diese an, bevor ich kündige.

---

[168] Dieser Hinweis des Pfarrers Julius Zodel ermöglicht die Entschärfung von Konfliktsituationen. - https://www.schwaebische.de/landkreis/ostalbkreis/neuler_artikel,-ein-platz-erinnert-nun-an-pfarrer-julius-zodel-_arid,5422965.html

***Auswertung* :**
Hat es geklappt? Ja!
Jetzt kann ich noch einen Rest Gesundheit (lebenswertes Leben) retten.

***Vorsicht, Gefahrenhinweis* :**
Beachten Sie bitte bei so schwerwiegenden Entscheidungen wie eigene Kündigung ohne anschließende Tätigkeit, Arbeitszeitverkürzung/Altersteilzeit, Vorruhestand, ... die gesetzlichen Regelungen und Folgen für Arbeitslosengeld/hilfe, Renten- oder Pensionsansprüche!
Unerwartete Gefahren durch Teilzeit:
Um kein Sozialfall zu werden, ist es finanziell oft notwendig sich jahrelang krank zu melden. Denn: Renten- und Pensionsansprüche werden nach dem letzten Lohn/Gehalt berechnet!
Das gilt auch für die Hinterbliebenenversorgung.

14.10 *Soll frau / man sich wehren?*

Wir verbringen einen großen Teil des Lebens damit, die Achtung Anderer zu erwerben.
Aber Selbstachtung zu gewinnen, darauf verwenden wir wenig Zeit. [169]

Wenn zwei dasselbe tun, dann ist das keineswegs dasselbe! Im Rahmen eines Flirts lassen wir uns sehr viel gefallen. Belästigung am Arbeitsplatz:
Sei es der Chef der sich ständig so hinstellt, dass er in den Ausschnitt sehen kann, die Büroklammer, die 'zufällig' in Ihren Ausschnitt fällt, entsprechende Kommentare, Anzüglichkeiten, der unangenehme Klaps auf den Po. Belästigt wurde, wenn frau / man sich belästigt fühlt!

Ist es gefährlich sich zu wehren?
Viel gefährlicher wird es auf Dauer, wenn Sie sich alles gefallen lassen!

Formulieren und benennen Sie Ihre Gefühle:
„Ich fühle mich belästigt, es ist eine Frechheit, wie Sie sich benehmen!"

Sachlich:
„Was machen Sie da? Sie haben Ihre Hand auf meinem Knie!"

Aufforderung:
„Finger weg! Lassen Sie das gefälligst!"

---

[169] Josef von Sternberg, Regisseur

Wechseln Sie die Beziehungsebene [**X**]:
„Was Ihr Anliegen/das Angebot/diese Rechnung betrifft ..."

Verlangen Sie darüber hinaus klare Kompetenzen

- ➔ fixe Termine
- ➔ Anerkennung und angemessene Bezahlung ihrer Arbeit und
- ➔ Anerkennung der Unverletzlichkeit ihrer Person

Auch wenn manche Firmen und ihre Chefs gezieltes Anpöbeln und Demütigen ihrer Angestellten und Arbeiter als 'Outplacement' bezeichnen:

Dieser schlechte Führungsstil fördert die Gerüchteküche, vergiftet nachhaltig das Betriebsklima und kostet die Firma nachweislich bei jedem Mobbingfall mindestens 48 000 Euro. [170]

Dabei sind die Langzeitfolgen und die Außenwirkungen des Personalwechsels bei den restlichen Kolleg(inn)en und bei den Kunden keineswegs berücksichtigt!

Die zusätzlichen, sozialisierten Krankheits-Folgekosten, Kosten für Reha-Maßnahmen, Arbeitslosengeld, Arbeitslosenhilfe, Sozialhilfe und weitere Zahlungen für die Arbeitslosigkeit, Wiedereingliederung ins Arbeitsleben, Pensionen oder (Früh)Renten betragen in jedem Mobbingfall 15 000 bis 50 000 Euro jährlich. [171]

---

170 Kostenpunkt: 48.000 Euro. Weitere Beispiele: Mobbing Kosten in Höhe von 433.500 Euro für Aufhebungsverträge, Fehltage der Mitarbeiter, entgangene Erlöse und Gerichtskosten. Ein Konflikt zwischen zwei IT-Entwicklungsabteilungen in einem international tätigen Unternehmen kostete insgesamt sogar 3,45 Millionen Euro. http://www.wiwo.de/erfolg/beruf/konflikte-und-frust-wie-zoff-dem-unternehmen-schadet/11695790-all.html

14.11 *Mobbingstrukturen bleiben erhalten*

Wenn im Betrieb keine grundsätzlichen Umdenk- und Umstrukturierungsmaßnahmen stattfinden, dann bleiben Mobbing-Strukturen auch nach einem 'Outplacement' erhalten.
Erfahrungsgemäß ist es abzusehen, wann diese im Mobben bewährte, collectiv-conforme, subjektiv-selbstsüchtige Gruppierung in voreilendem Gehorsam, unter (stiller) Duldung, selbsttätig oder im Auftrag des mächtigen (Gruppen-) Managements, das nächste Mobbing-Opfer findet.

Es gibt bedauernswerte Abteilungen, die wissen, dass in absehbarer Zeit nur noch die Hälfte des bisherigen Personals hier (wenn überhaupt) Arbeit findet.
Eine Hälfte des Personals betreibt dann in Zusammenarbeit mit dem Management erfolgreich das 'Outplacement' der anderen Hälfte.
Plötzlich fehlen wichtige Unterlagen, Daten werden gefälscht, Kolleginnen und Kollegen werden wegen Nichtigkeiten angeschwärzt und manche Geschäftsleitung ergreift solche Strohhalme willig als Kündigungsgründe.
Die meiste Arbeitszeit geht nun dafür drauf, wie frau / man aus der Anschuldigung schadlos herauskommt, wie man sich bei den Feinden schadlos hält oder sich für entsprechende Intrigen rächt.

---

[171] Stegmann (2000) in der Bundesrepublik Kosten, die durch Mobbing entstehen: 15 -50 Mrd Euro jährlich. http://www.beratung-mobbing.de/21-mobbing/mobbing-kosten.htm - 11,2 Mrd. Euro an direkten Aufwendungen für Krankheitsbehandlung sowie 13,4 Mrd. Euro für die indirekten Kosten als Folge des Produktionsausfalls für rund 1 Mio Erwerbstätige https://www.ifb.de/mobbing-konflikt-betriebsrat/mobbing:-fakten-und-zahlen.html

Sie haben als nächsthöchster Chef erkannt, dass in einer Abteilung Mobbing ausgeübt wird? Kompliment!

Mit dem Austausch der mobbenden Abteilungsleitung ist es meist jedoch keineswegs getan. Der oder die Neue sollte unbedingt von außen kommen. Anfangs und bei Bedarf muss stets Hilfe durch ein erfahrenes Moderator-Team und Rückendeckung von oben kommen. Denn: Der oder Die Neue ist sonst schneller weg, als Sie denken!

Das gilt übrigens auch fürs Ehrenamt:
Beispielsweise verließen einen Verein innerhalb von fünf Jahren drei Vorsitzende und fünf weitere Mitglieder des Vorstands. Jeweils nach rund der Hälfte ihrer regulären zweijährigen Amtszeit verließen all diese acht Vorstands-Mitglieder diesen Verein!

Zurück bleiben die intrigantesten Kolleg(inn)en mit [**MSC**]-Verhaltensmuster.

Eine klüngelnde Clique von Personen, Gruppen und Seilschaften,

➔ die sich selbst und gegenseitig Vorteile verschaff(t)en, indem sie kungeln, Ränke spinnen, intrigieren und Verwicklungen inszenieren.
➔ welche sich heimlich absprechen und gemeinsam drangsalieren und schikanieren.
➔ welche sich durch besonders gute Beziehungen, Bettgeschichten, Erpressung, Bestechung und hervorragende Ellbogen durchsetz(t)en. Kumpanei, Mauschelei, Filz und

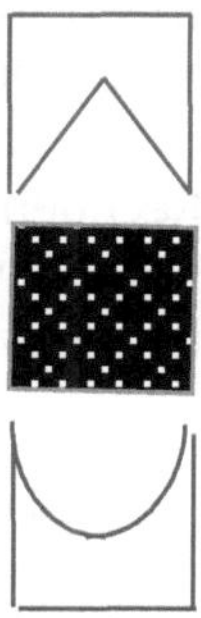

> Vetternwirtschaft, unlautere Geschäfte, Bestechlichkeit und Korruption sind mögliche Folgeerscheinungen. [172]

Sie glauben, dieses ständige Hickhack
nagt nicht an Ihren Nerven und raubt Ihnen auch nicht den Schlaf?

Denken Sie jetzt bitte nicht an "*grün* ". -

Ich habe Sie soeben manipuliert:

"Nicht" ist (wie Sie wissen) bildlich kaum darstellbar.
Das Unterbewusstsein arbeitet mit Bildern
und lässt deshalb das "Nicht" einfach weg.

Auch wenn Sie es keinesfalls zugeben wollen:
Ihnen ist nun plötzlich aufgefallen, was alles in Ihrer Umgebung *grün* ist...
Und:
Das ständige Hickhack nagt immens an Ihren Nerven und raubt Ihnen auch den Schlaf.

Und wenn Sie an Leib und Seele krank werden, weil die Ihnen zustehende Anerkennung regelmäßig anderen ausgesprochen wird? Bedenken Sie, wie viel Sozial- und Fach-Kompetenz durch solche Kündigungen verlorengeht! Rechnen Sie auch nur 50 000 Euro für jeden Mobbing-Fall, Sie werden auf Summen kommen, die keine Firma lange aushält. [173]

---

[172] Der Klüngel – laut Duden – (abwertend) Gruppe von Personen, die sich gegenseitig Vorteile verschaffen. Synonyme: Clique, Seilschaft – http://www.duden.de/rechtschreibung/Kluengel
Ergänzende Gedanken aus der Sicht von Transparency International (TI): Ethik, Integrität und Korruption: https://publishup.uni-potsdam.de/opus4-ubp/frontdoor/index/index/docId/2027

Denken Sie an Ihre Gesundheit und glauben Sie an Ihre persönliche Zukunft:
Schauen Sie sich diskret nach einer anderen Stelle um, und verlassen Sie rechtzeitig dieses sinkende Schiff!

"Das sind die Weisen,
Die durch Irrtum zur Wahrheit reisen,
die bei Ihrem Irrtum verharren,
Das sind die (wahren) Narren." [174]

---

[173] Kostenpunkt: 48.000 Euro. Weitere Beispiele: Mobbing Kosten in Höhe von 433.500 Euro für Aufhebungsverträge, Fehltage der Mitarbeiter, entgangene Erlöse und Gerichtskosten. Ein Konflikt zwischen zwei IT-Entwicklungsabteilungen in einem international tätigen Unternehmen kostete insgesamt sogar 3,45 Millionen Euro. http://www.wiwo.de/erfolg/beruf/konflikte-und-frust-wie-zoff-dem-unternehmen-schadet/11695790-all.html

[174] Frei nach: Friedrich Rückert (1788 - 1866), alias Freimund Raimar: deutscher Dichter, Lyriker und Übersetzer arabischer, hebräischer, indischer und chinesischer Dichtung - Quelle: Rückert, Gedichte. Pantheon 1843 Vierzeiler

15 Ein neuer Weg ist das Ziel

15.1 *Ein offenes Wort für jeden Personalchef*

Sie sollten das (stete) Outplacement (ihres Konkurrenten) nutzen![175]
Gerade diese Verängstigten sind besonders wertvolle Mitarbeiter:
Diese wollen ihre Arbeit richtig machen.
Diese sind loyal und brauchen Ihre Loyalität!

Die Beurteilung lässt große Wünsche offen?
Bedenken Sie stets:
Vieles ist Ansichtssache!
Outplacement ist oftmals mit Mobbing und fehlerhaften Beurteilungen verbunden.

Beurteilen Sie selbst das Verhalten, das Auftreten, die Leistung und den Charakter. Definieren Sie klare Ziele mit Zeitvorgaben und die Konsequenzen, bei Nichteinhaltung. Machen sie von Anfang an klar, dass Sie die erforderliche Ehrlichkeit, Pünktlichkeit und Genauigkeit strikt einfordern. Das schafft Vertrauen.

Den Zeitpunkt, wann sie die erbrachten Leistungen mit einer Übernahme in ein längerfristiges Arbeitsverhältnis und-oder einem besserem Gehalt belohnen bestimmen Sie.

---

175 Oft werden auch Kündigungen nach wiederholt befristeter Beschäftigung in Zeitverträgen ausgesprochen, um die laut Gesetz vorgeschriebene Festanstellung zu umgehen.

Lassen Sie sich keinesfalls 'wenn-dann-Zusagen' entlocken. Denn viele überhören das 'wenn' und fordern dann vehement, ja sogar aggressiv mit körperlicher Gewalt, das angeblich 'Versprochene'.

Was vergeben Sie sich mit einem Zeitarbeits-Vertrag wenn sich die/der Neue bewährt?
Sie erhalten die wertvollsten Mitarbeiter(innen) mit Berufserfahrung.

Und:
Oftmals wird diese Probezeit durch staatliche Subventionen versüßt. Nutzen Sie Ihre Chance, bevor es ihr ärgster Konkurrent tut!

15.2 *Ein offenes Wort für jede(n) Betroffene(n)*

Es gibt nur sehr wenig Schlechtes ohne Gutes.
Nutzen Sie Ihre Chance:
Machen Sie den ersten Schritt und
stellen Sie ihre bisherigen Leistungen ins richtige Licht!

Wir sollten authentisch miteinander umgehen.
Noch viel zu oft pervertiert das Gespräch mit neuen Arbeitgebern / Partnern unter der alles erdrückenden Angst. Gerade die schamlos offene persönliche Nennung des Gesprächsthemas Outplacement ist eine partnerschaftliche Geste.
Offenheit ist eine Vertrauen-bildende-Maßnahme, sie dient zugleich der raschen Gesprächsabwicklung.

Ich wünsche Ihnen viel Erfolg.
Ich weiß, dass Sie Erfolg haben werden.
Denn Erfolg ist mehr als Image oder Geld.
Erfolg ist innere Zufriedenheit. [176]

Denn es ist nur
ein kleiner Schritt
vom Schatten
ans Licht.

Ed Siedler

---

[176] Nur ein Beispiel: http://www.focus.de/kultur/kino_tv/blickpunkt-sport-als-tv-alptraum-moderatorin-mueller-reinhardt-berichtet-ueber-mobbing-beim-br_id_5889075.html

Stichwortverzeichnis

Das CO SI MA - *Modell*

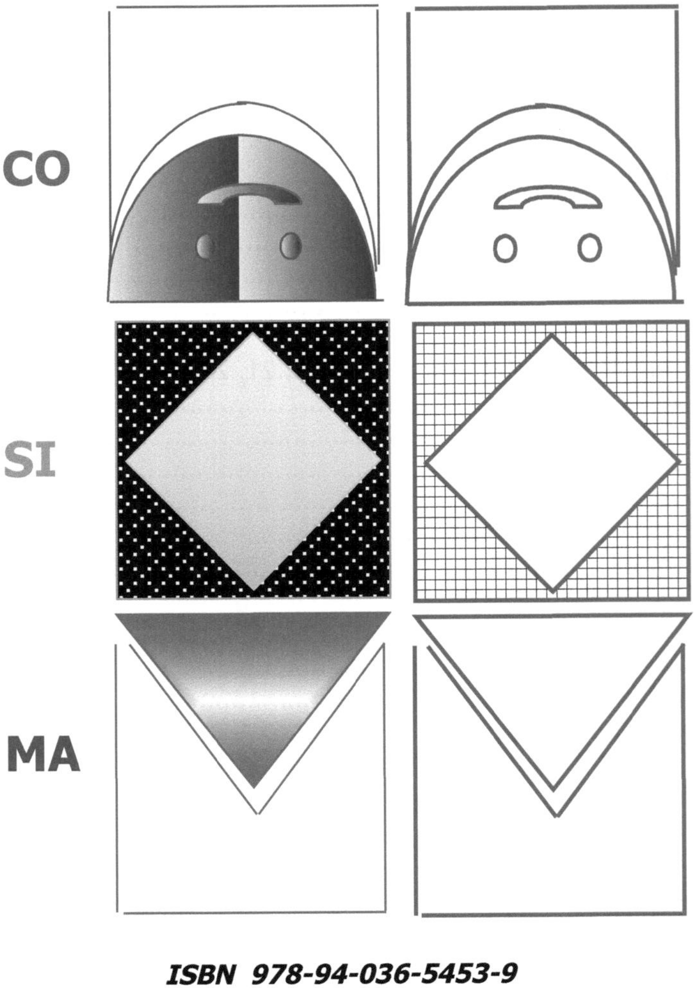

ISBN 978-94-036-5453-9

Das CO SI MA - *Modell*

Die sechs Strukturebenen der Persönlichkeit

MA

Mächtige Manager
Anerkennende Ammen

SI

Subjektive Selbstsüchtige
Intuitive Impuls-bewusste

CO

Offenherzige Originelle
Collectiv Conforme

ISBN 978-94-036-5453-9

Das CO SI MA - *Modell*

Sechs ein-eindeutige prägnante Strukturen

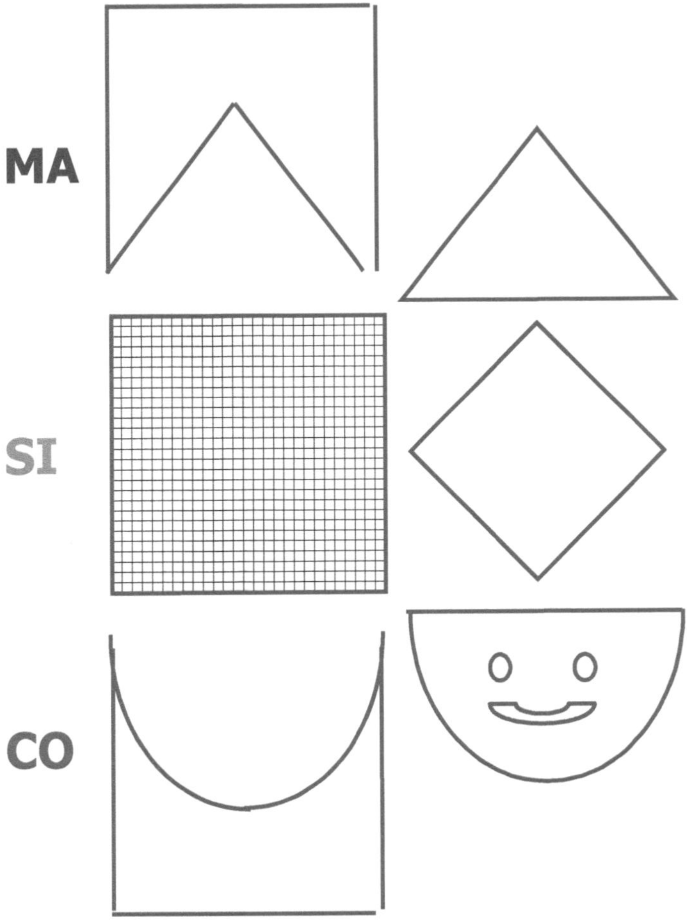

ISBN 978-94-036-5453-9

Das CO SI MA - *Modell*

Zuordnung Kennbuchstaben und Strukturebenen

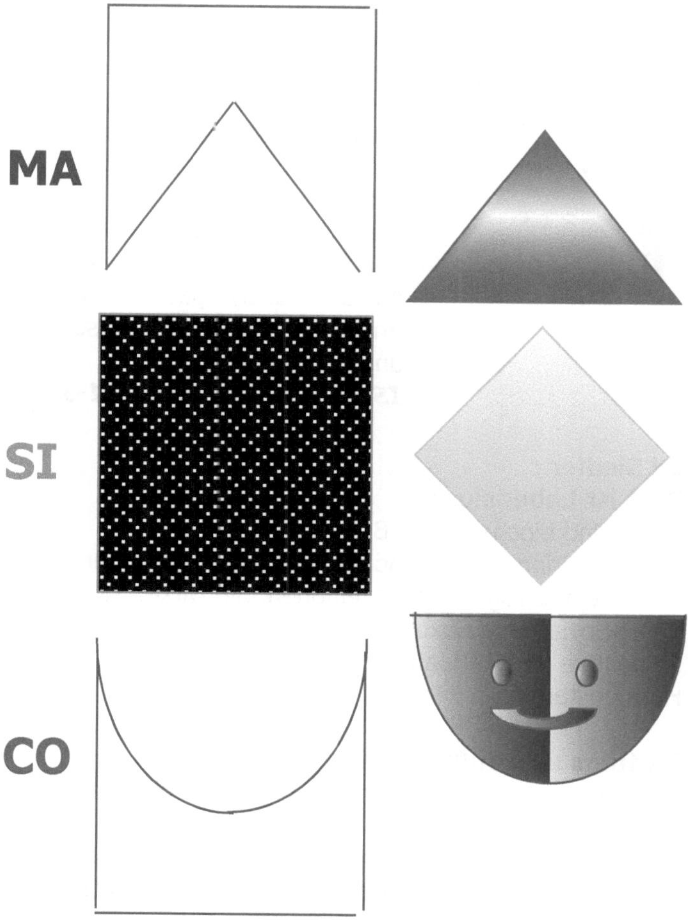

ISBN 978-94-036-5453-9

Duft ist Lebenslust

Parfums und duftende Kosmetik

Ed Siedler

Düfte wecken Gefühle, Erinnerungen, höchst subjektive und-oder kollektiv anerzogene Assoziationen. Düfte alarmieren und provozieren, können anziehend oder abstoßend sein, Emotionen beeinflussen, betrügen und verführen.
Sie wirken sich auf unser Sozial- und Sexualverhalten aus, sind Auslöser für Sympathie und Antipathie und verändern sogar unseren Hormonstatus.

ISBN 978-94-6386-281-3

Ed Siedler :
Duft ist Lebenslust

Düfte sind biochemische Botschaften; sie wecken Gefühle, Erinnerungen, höchst subjektive und-oder kollektiv anerzogene Assoziationen. Sie wirken sich auf unser Sozial- und Sexualverhalten aus, sind Auslöser für Sympathie und Antipathie und verändern sogar unseren Hormonstatus.

Parfums und duftende Kosmetik

Parfums und duftende Kosmetik sind mehr als Mittel zur Körperpflege:
Düfte wecken Gefühle, Erinnerungen, höchst subjektive und-oder kollektiv anerzogene Assoziationen. Düfte alarmieren und provozieren, können anziehend oder abstoßend sein, Emotionen beeinflussen, betrügen und verführen. Düfte sind nonverbale Kommunikation:

Sie haben Auswirkungen auf unser Leben, sind Auslöser für Sympathie und Antipathie, verändern das Sozial- und Sexualverhalten und sogar unseren Hormonstatus.

Dieses Buch nutzt, sowohl längst bekannte als auch neuere, weiter führende Erkenntnisse.
Gezeigt wird ein effektiver und authentischer Umgang mit natürlichen Düften und einheitlichen Riechstoffen, Parfums und duftender Kosmetik.

Duft dient der Entwicklung und Entfaltung der eigenen Persönlichkeit, der Kommunikation und damit unserer Gesellschaft.

Stress und Duft, Angst und Attraktivität, die sogenannten Allergien und die Macht der Düfte sind Teil der Themen dieses Buches.

382 Seiten Softcover 170*240mm
3. erweiterte Auflage 2019[3]
ISBN 978-94-6386-281-3

*Der Autor **Ed Siedler***
ist bescheiden geblieben:
Denn Forschung ist ein Fass ohne Boden.

***Ed Siedler** arbeitete über 25 Jahre als freier Parfümeur.*

Ed Siedler
Kontakt:
osiander.bookmundo.de/edsiedler

Das CO SI MA - Modell
Persönlichkeits- und Transaktions-Analyse
authentisch miteinander umgehen

Gute Berater lassen Sie die Lösungsansätze mit Hinweisen auf das ***Ist*** und ***Soll*** selbst finden. Hierfür muss jedoch das ***Ich*** zuerst höchstpersönlich die Schwächen und Stärken seiner eigenen Persönlichkeit erkennen und begreifen.

Das neuartige ***CO SI MA - Modell*** bietet ein-eindeutige prägnante Strukturen für die sofortige Anwendung. Das praktische ***CO SI MA - Modell*** wurde von *Ed Siedler* während einer Fortbildung für Führungskräfte entwickelt und 2019 erstmals veröffentlicht.

Selbstbewusstsein, effektivere Kommunikation, mehr Selbstwert, Selbstsicherheit und der errungene Erfolg sind Ihr persönlicher Gewinn.

Ed Siedler
Seine Kenntnisse stellt er nun als praktisches " Wissen fürs Leben" zur Verfügung.

2019 2022³
Erhältlich bei
osiander.bookmundo.de/edsiedler
und im Buchhandel
ISBN 978-94-036-5453-9